Fette di melone

Collana diretta da **Rosetta Zordan**

Apparato didattico: Marco Cazzavillan

Redazione: Gráphein s.r.l., Milano; Chiara Magnani
Elaborazione digitale testo e impaginazione: Gráphein s.r.l., Milano
Progetto grafico di copertina: Studio Apotema, Cologno Monzese
Disegni interni e di copertina: Daniel Mammana

Per segnalazioni o suggerimenti relativi al presente volume scrivere a:
Direzione Editoriale RCS Libri S.p.A. - Divisione Education
Via Rizzoli, 8 - 20132 Milano - fax 02 50952613.

---

www.sansoniscuola.it

ISBN 978-88-38307-63-8

Prima edizione: febbraio 2008

Ristampe:
2011 3 4 5 6 7 8 9 10 11 12

Stampato presso: Grafica Veneta S.p.A. - Trebaseleghe PD

Fette di melone

Paola Orini

L'avventuroso mondo degli eroi

Sansoni per la Scuola

Presentazione

La figura dell'eroe è presente in epoche, civiltà e popoli diversi. A volte egli assume caratteri divini o semidivini, in altri casi è caratterizzato da qualità tipicamente umane, ma si distingue sempre per l'eccezionalità delle sue azioni che, nel bene e nel male, sembrano sfidare la normalità e lo rendono una personalità unica.

Ciò non implica che l'eroe non possa provare sentimenti simili a quelli dei «non eroi», quali l'amore, l'odio, o la paura, ma in ogni caso l'eroe, sia quando è vincente sia quando viene sconfitto, presenta caratteri che, a seconda della sua individualità e della cultura che esprime, lo rendono estremamente affascinante.

La raccolta dei miti che ti appresti a leggere vuole essere un itinerario che, seguendo il filo conduttore della figura dell'eroe, ci porterà attraverso popoli, epoche e culture differenti, i cui mitici protagonisti hanno occupato un posto di rilievo nell'immaginario collettivo.

Il nostro viaggio partirà con una delle più antiche e affascinanti civiltà di tutti i tempi, quella egizia, proponendo la vicenda di Horus, eroe divino ma anche primo leggendario faraone, per proseguire con figure di eroi e di eroine protagonisti dell'Antico Testamento, da Sansone al re Davide, da Giuditta a Ester.

Passando attraverso le coste greche, si potranno rivivere le vicende degli eroi della cultura ellenica, di Prometeo, di Teseo, di Perseo, di Giasone, di Ercole e di Atalanta.

Sulle rive del Tevere sarà poi la volta delle eroiche imprese di Romolo e Remo, di Muzio Scevola e di Orazio Coclite, di Cincinnato, di Coriolano e di Clelia.

Infine, l'ultimo tratto del percorso sarà dedicato agli eroi dell'epica cavalleresca medievale, intrisa di religiosità e legata agli ideali dell'amor cortese, attingendo sia alla tradizione francese, con le vicende di Roland e dei paladini di Francia, sia a quella bretone, con le peripezie di re Artù e dei cavalieri della Tavola Rotonda.

Personaggi così differenti, ma accomunati dal carattere eroico della loro esistenza, possono ancor oggi essere proposti come modelli di passione e integrità, di altruismo e valore. In fondo l'eroe, nell'idealità del suo agire, esprime quelle qualità cui ogni uomo aspira e per cui va tuttora alla ricerca di modelli da imitare.

Un bisogno che ci spinge a individuare anche nel nostro tempo dei personaggi eroici, capaci di dare preziosi contributi alla conoscenza e al progresso dell'umanità o di donare se stessi per amore degli altri.

A integrare la lettura nella sezione **Dentro il testo** potrai trovare spunti di riflessione e di lavoro, mentre il **Dizionarietto dei miti e degli eroi** ti aiuterà a conoscere meglio i protagonisti delle vicende narrate.

L'autrice

Paola Orini è nata e vive a Crema. Insegna Italiano e Latino presso il Liceo Classico, Socio-Psico-pedagogico e Linguistico dell'Istituto "Alessandro Racchetti" di Crema ed è stata assessore alla Cultura della Provincia di Cremona.

L'eroe egizio

L'antico Egitto è stato culla di una delle civiltà che ancor oggi più affascinano per la sua ricchezza culturale e religiosa e per i tanti misteri irrisolti a essa legati. Presenta figure eroiche in parte contenute nelle sue stesse vicende storiche – si pensi a questo proposito a Ramses II, faraone conquistatore –, ma ha come modello dell'eroe una figura di origine divina, come Horus, figlio del dio Osiride e della dea Iside.

L'essenza divina di Horus si accompagna a caratteri umani, legati sia al suo compito di «protettore» e vendicatore del padre nei confronti dello zio Seth, emblema della malvagità, sia al suo ruolo di regnante dell'antico Egitto e di benefattore del popolo. Del resto, anche il padre, il dio Osiride, viene presentato come un «civilizzatore», che insegna alla primitiva umanità le tecniche dell'agricoltura e della vita comunitaria, e la madre di Horus, Iside, come una dea saggia e benefica.

Possiamo, quindi, sottolineare la commistione tra umano e divino che caratterizza il concetto egizio di eroe; ciò, del resto, non deve stupire, se si considera la forte spiritualità e religiosità della civiltà egiziana.

Horus,
un re divino

Quando, nell'antico Egitto, uomini e dèi vivevano ancora in stretto contatto tra loro, il benevolo Osiride, dio della fertilità e della vegetazione, figlio delle più antiche divinità Nut e Geb e sposo di Iside, dea della terra, decise di aiutare gli esseri umani, insegnando loro a coltivare la terra e a produrre il vino.

Queste attività diedero benessere agli uomini e, poiché la coltivazione dei campi permetteva loro di avere cibo senza doversi continuamente spostare alla ricerca di terre fertili e di animali da cacciare, li spinsero anche a vivere stabilmente in quei luoghi, adottando norme e leggi che regolassero i rapporti reciproci. Con la guida di Osiride e grazie ai suoi insegnamenti, gli uomini iniziarono il percorso della civiltà.

Grandi erano il rispetto, la venerazione e l'amore degli esseri umani nei confronti di Osiride; ciò scatenò l'invidia del suo malvagio fratello Seth, che nulla aveva fatto in favore degli uomini, ma non tollerava che essi considerassero il fratello un grande benefattore.

Con l'astuzia che gli era propria, Seth invitò gli dèi a un grandioso banchetto e, al termine del convito, presentò agli ospiti una meravigliosa bara, tempestata d'oro e di pietre preziose: l'avrebbe data in dono a chi fosse riuscito a dimostrare, entrandovi, che le proprie misure corrispondevano perfettamente a quelle del sarcofago.

Tutti gli invitati tentarono la prova, ma nessuno aveva le misure adeguate; le membra di alcuni, essendo troppo grandi e robuste, uscivano dalla bara, mentre altri sprofondavano in essa, essendo troppo piccoli e minuti: in realtà, Seth aveva calcolato tutto e aveva fatto costruire un sarcofago con le precise misure del fratello.

Quando tutti ebbero inutilmente tentato la prova, si fece avanti Osiride, che entrò perfettamente nella bara. Con grande rapidità Seth, aiutato da alcuni complici, ne chiuse il coperchio, sigillandola ermeticamente e gettandola nel fiume Nilo. In tal modo Osiride era «fuori gioco» e, se fosse possibile dire di un dio che è morto, diremmo che lui lo era, poiché, chiuso nell'aderentissima bara, in mezzo ai flutti, nulla poteva più fare.

La sposa di Osiride, la bella e sapiente Iside, che conosceva il potere delle erbe medicamentose con cui aveva sempre aiutato e soccorso gli uomini, pianse le più calde lacrime, ma poi, fattasi coraggio, decise di agire e, con un potente incantesimo, riuscì a recuperare la bara di Osiride e a ridare la vita al suo adorato sposo. Tuttavia, il malvagio Seth non si diede per vinto e, afferrato il povero e ancor debole fratello, lo fece in tanti pezzi – quattordici, secondo i più – esclamando: «Ridotto così, non esisterai più e neppure l'amore della tua sposa avrà il potere di ridarti la vita!».

Ma si sbagliava, perché l'amore di Iside era più forte di tutto: infatti ella, insieme alla sorella Nefti, vagò per tutto l'Alto e il Basso Egitto[1], raccogliendo i pezzi di

1. *Alto e Basso Egitto*: l'Egitto era così suddiviso nell'antichità sulla base del corso del Nilo; in particolare, l'Alto Egitto era posto a sud, dove ci sono le sorgenti del grande fiume, mentre il Basso Egitto era posto a nord, dove c'è la foce. Alto e Basso Egitto furono, a lungo, anche due regni divisi, finché un sovrano li unificò sotto un'unica corona.

quello che era stato l'adorato marito e piangendo lacrime di dolore non prive di speranza.

Quando anche l'ultima parte del corpo di Osiride fu nelle mani di Iside, la dea, spinta dalla forza dell'amore e dell'innocenza, compì la più grande delle sue «magie», ricomponendo il corpo del marito, che ritrovò la sua piena vitalità. Dall'unione di Osiride e Iside, più che mai pieni di amore l'uno per l'altra, nacque un figlio, Horus.

Nessuna madre fu mai tanto dolce quanto la divina Iside che, piena di tenerezza, spesso stringeva a sé il piccolo Horus e mai figlio fu tanto devoto e affettuoso verso i genitori quanto lui.

Proprio per questo Horus, quando crebbe e divenne un giovane forte e coraggioso, per allontanare ogni pericolo che potesse incombere sul padre, decise di sfidare il malvagio zio Seth, che mai aveva cessato di tramare insidie contro Osiride e Iside.

I due si affrontarono in un terribile duello, alla presenza di tutti gli dèi, e nella foga della lotta Horus perse anche un occhio, che gli fu strappato da Seth. Ben più gravi, tuttavia, furono le ferite che quest'ultimo subì ai suoi organi vitali; così gli dèi decretarono la vittoria di Horus.

A quel punto Seth e il male che egli rappresentava potevano considerarsi sconfitti.

Horus, che già era un dio, fu acclamato da tutti come un eroe e assunse il regno dell'Egitto, divenendo il primo faraone; sulle rive del Nilo nacque una grande civiltà, perché Horus, come il padre, agì sempre in favore degli uomini, governando con saggezza e giustizia e proseguendo nell'opera civilizzatrice già iniziata dal padre.

Oltre che protettore della fertilità e della vegetazione, Osiride divenne anche dio dell'oltretomba: quando un'anima, dopo la morte, giungeva al suo cospetto, egli ne pesava il cuore, mettendolo su un piatto della sua bilancia; sull'altro piatto vi era una piuma e, se il peso del cuore determinato dai peccati commessi durante la vita era inferiore a quello della piuma, l'anima entrava nel regno della beatitudine, se invece superava il peso della piuma, l'anima veniva data in pasto al terribile mostro Ammit.

Quando Horus, dio-faraone da cui sarebbero discesi tutti i regnanti dell'Egitto, lasciò la terra ai successori, per prendere posto tra gli altri dèi, venne onorato nelle immagini che lo rappresentavano con testa di falcone. La madre invece, la grande Iside, dea della terra e della maternità, fu rappresentata in vari modi, alcuni dei quali ne esaltavano la bellezza, la saggezza e la potenza; le sue immagini più amate furono tuttavia sempre quelle in cui veniva raffigurata mentre stringeva con tenerezza il piccolo Horus tra le braccia.

Per saperne di più

Le vicende di **Horus**, figlio di dèi, dio egli stesso e primo faraone, si pongono a metà tra il mito e la leggenda, da una parte innestandosi nel solco del profondo senso religioso del popolo egiziano e d'altra parte collegandosi con le vicende alla base della costituzione prima dei due regni dell'Alto e del Basso Egitto e successivamente della loro unificazione.

Horus, come si è detto, era visto come un dio ma, allo stesso tempo, aveva forti caratteri umani ed eroici, dovuti alla sua particolare vicenda personale e alla necessità e volontà di affrontare un antagonista e di superare delle prove per affermarsi.

Riguardo ai genitori di Horus, occorre sottolineare la loro grande importanza religiosa. Il mito di **Osiride** rappresenta la rigenerazione stagionale della natura (il seme che muore e rinasce come grano o frutto) e, a un livello più profondo, la speranza in una vita oltre la morte che, com'è noto, permeava fortemente il mondo egizio (si pensi al proposito alle pratiche funerarie); nella figura della saggia e potente **Iside**, inoltre, molti studiosi hanno ritrovato l'idea della Grande Madre, in parte identificata con la terra, simbolo della forza generatrice.

Anche Osiride e Iside, nonostante questa forte connotazione religiosa, sono dotati di caratteri eroici, legati in particolare al loro ruolo di civilizzatori e benefattori nei confronti dell'umanità.

Non si può, infine, non sottolineare la dolcezza delle raffigurazioni pervenute di Iside nelle vesti di madre che tiene in grembo e allatta il piccolo Horus; la soavità di queste immagini è tale che esse sembrano quasi una lontana prefigurazione delle rappresentazioni cristiane della Madonna con il Bambino.

Dentro il testo

L’eroe egizio

Horus, un re divino

COMPRENDERE E ANALIZZARE

1. Quali caratteristiche, poteri e competenze hanno Osiride e Iside, genitori di Horus? ....

....

....

2. Con quale stratagemma il malvagio Seth trama contro il fratello? ....

....

....

3. In che modo Iside riesce a riportare in vita il marito? ...

....

....

4. A ciascun personaggio attribuisci il ruolo che riveste nel racconto, scegliendolo opportunamente fra quelli sotto riportati. Attenzione! Un personaggio può avere anche più di un ruolo e uno stesso ruolo può essere attribuito a più personaggi.

- Horus ....
- Osiride ....
- Iside ....
- Seth ....
- Nefti ....

eroe protagonista / dea benefica / «aiutante» / dio benefico / dio civilizzatore / antagonista / sovrano

L'eroe nel Vecchio Testamento

Il Vecchio Testamento, la parte più antica della Bibbia, riconosciuta sia dagli Ebrei sia dai Cristiani, è popolato da numerose figure eroiche, che hanno lasciato una profonda traccia nella letteratura, nell'arte, nella cultura e nell'immaginario collettivo della civiltà occidentale.

Ecco Sansone, eroe «titanico», dotato di forza sovrumana e quasi magica; Davide, il re poeta; la forte Giuditta, determinata e apparentemente crudele; la dolce e coraggiosa Ester, e poi mille altri personaggi che, al di là dei tratti specifici che li caratterizzano, presentano due qualità fondamentali, senza le quali le loro azioni eroiche perderebbero non solo efficacia, ma anche motivazione e forza simbolica: la fede in Dio e la fedeltà al proprio popolo.

Questi due caratteri, strettamente legati tra loro, forniscono ai personaggi biblici la forza di agire e di superare i limiti, i dubbi e le paure propri della natura umana.

Ciò è così vero da indurci, talvolta, a dubitare dell'eroicità di queste figure. In realtà esse, per la loro capacità di innalzarsi al di sopra degli altri uomini e di colpire l'immaginazione di chi ascolta o legge la loro storia, sono certamente eroiche, di un eroismo particolare, nel quale l'uomo si affida a Dio e il singolo agisce per il bene comune del proprio popolo, traendo forza non solo e non tanto da se stesso ma soprattutto dalle proprie radici culturali e religiose.

Sansone, un ingenuo forzuto

Nel tempo in cui gli Ebrei, entrati nella terra promessa dopo la schiavitù in Egitto, combattevano con esito incerto contro il battagliero popolo dei Filistei[1], stanziato da tempo sulla fascia costiera della Palestina, un angelo del Signore preannunciò la nascita di un bimbo alla moglie sterile di un uomo della tribù di Dan[2], chiamato Manoach.

Il messaggero celeste aveva promesso alla donna un figlio prodigioso, che avrebbe difeso e liberato dai Filistei il popolo di Israele, ma avrebbe dovuto fin dalla nascita essere consacrato al Signore e, come segno di questa sua particolare condizione, non avrebbe mai dovuto sperimentare il rasoio sui suoi capelli, divenendo così un «nazireo», cioè una persona consacrata a Dio.

Nonostante la sua età non più giovane e la sua presunta sterilità[3], la moglie di Manoach, tra lo stupore di tutti, partorì un bellissimo bambino, che chiamò Sanso-

1. *Filistei*: i Filistei erano un popolo, nemico storico di Israele, che, proveniente forse dall'Asia minore o da Creta nel XII sec. a.C., si era stanziato nella fascia costiera della Palestina e si contendeva il territorio con gli Ebrei.
2. *tribù di Dan*: era una delle dodici tribù di Israele, i cui componenti, secondo la Bibbia, sarebbero discesi dai dodici figli di Giacobbe.
3. *sterilità*: incapacità di generare figli; la «guarigione» prodigiosa dalla sterilità è un evento presente sia nel Vecchio Testamento (Sara, moglie di Abramo ebbe Isacco in tarda età) sia nel Vangelo (Elisabetta, madre di Giovanni il Battista).

ne, che mostrò fin dall'infanzia di possedere una straordinaria forza fisica e al quale, come aveva ordinato l'angelo del Signore, non vennero mai tagliati i capelli.

Divenuto adulto, Sansone si recò nella città filistea di Timna e vide una donna che gli piacque immensamente; decise, quindi, di sposarla, nonostante la contrarietà dei genitori, che avrebbero voluto per lui una sposa del suo popolo e non una filistea.

Tornando una seconda volta a Timna per chiedere in moglie la ragazza, Sansone s'imbatté in un gigantesco leone, che gli venne incontro ruggendo ferocemente. Lo spirito e la forza del Signore entrarono allora in Sansone che, avventatosi contro la fiera, la squartò come fosse stata un capretto. Il giovane non disse nulla a nessuno e, tornando dopo qualche giorno per quella strada, vide che nella carcassa abbandonata del leone si era rifugiato uno sciame d'api e vi aveva deposto del miele. Sansone prese il miele, lo mangiò e ne offrì anche ai genitori, senza dir loro niente della sua provenienza.

Nel frattempo le trattative per le nozze tra Sansone e la giovane filistea si erano concluse e fu dato un grande banchetto nella casa della donna, a cui furono invitati trenta giovani appartenenti alle migliori famiglie filistee. A essi Sansone propose di risolvere un indovinello; se avessero indovinato entro i sette giorni dei festeggiamenti, Sansone avrebbe dato loro trenta tuniche e trenta vesti; se invece non avessero risolto il quesito, sarebbe stato lui ad avere da loro trenta tuniche e trenta abiti.

«Proponi pure l'enigma, siamo qui per ascoltare» replicarono impazienti i giovani e Sansone disse:

Dal divoratore è uscito il cibo
e dal forte è uscito il dolce.

I giovani filistei pensarono per tre giorni allo strano quesito, senza riuscire a trovare una soluzione sensata; si rivolsero allora alla giovane sposa di Sansone, minacciandola: «Ci avete forse invitati per spogliarci? Fatti dare la risposta da tuo marito o ti bruceremo insieme con la casa della tua famiglia».

La donna, spaventata, usò tutte le sue arti seduttive, ora lusingando lo sposo ora rimproverandolo: «Dunque è questo il tuo amore! Hai proposto un indovinello a gente del mio popolo senza nemmeno rivelarmi la soluzione: questa è la fiducia che hai in me!».

La giovane continuò a tormentare Sansone tra rimproveri e lacrime finché, proprio il settimo e ultimo giorno del banchetto, quando stava per scadere il tempo della scommessa, egli le spiegò il significato dell'enigma ed ella lo riferì ai giovani del suo popolo.

Questi, affrontando trionfanti Sansone, gli dissero in tono di sfida:

Che c'è di più dolce del miele?
Che c'è di più forte del leone?

Rispose loro Sansone con amara ironia: «Se non aveste arato con la mia giovenca[4], non avreste sciolto il mio indovinello!».

Detto ciò, invaso dall'ira, fece un eccidio tra i Filistei, li spogliò delle loro vesti e tuniche e le diede come pattuito ai giovani che avevano risolto l'enigma, ripudiò la moglie e tornò a casa di suo padre.

In seguito, Sansone combatté contro i Filistei che avevano sottomesso il suo popolo e li vinse più volte, grazie alla sua eccezionale forza e al suo enorme coraggio.

4. *giovenca*: giovane mucca; qui il termine è usato in senso ironico.

Più volte i Filistei tentarono di ucciderlo, sia in campo aperto sia con agguati e tranelli, ma ogni tentativo fu vano, poiché la forza di Sansone sembrava inesauribile, grazie alla protezione di Dio.

In effetti, egli era molto devoto al Signore e seguiva le regole e i comandamenti di Dio, ma il suo punto debole erano proprio le donne. E accadde che si invaghì un'altra volta di una donna filistea, Dalila.

I capi dei Filistei, venuti a conoscenza della cosa, pensarono di approfittarne e, con la promessa di una notevole somma di denaro, indussero la ragazza a sedurre Sansone, per fargli rivelare il segreto della sua forza, convinti che una tale potenza dovesse essere prodotta da qualche misterioso prodigio.

Dalila era molto legata al suo popolo e si sentiva lusingata per la fiducia che i capi filistei riponevano in lei; così accettò l'incarico e diede a credere di essere sensibile all'interessamento di Sansone, che era anche un uomo piacente, colmandolo di attenzioni e di baci.

Durante un loro ardente incontro amoroso, approfittando di un momento di languido abbandono, gli chiese: «Dimmi, Sansone, perché hai tanta forza e a quale mezzo si deve ricorrere per domarti?».

«Se mi legassero con sette corde d'arco fresche, diventerei debole come un uomo qualsiasi» le rispose il giovane ebreo.

Dopo che si fu addormentato, i capi filistei fecero quanto la donna aveva loro riferito, ma Sansone, risvegliatosi, si liberò dei legacci con estrema facilità.

Allora Dalila tornò a insistere con le sue domande e Sansone le lasciò intendere che, per togliergli la forza, occorreva legarlo con funi mai usate prima; ella informò i capi del suo popolo, che lo immobilizzarono nel sonno con funi nuove; ma, anche in questo caso, Sansone se ne liberò in un istante.

Per la terza volta Dalila gli chiese come si potesse fare per renderlo innocuo ed egli le rispose che occorreva fissare al telaio le sette trecce in cui erano raccolti i suoi capelli. Dalila attese che Sansone dormisse e fissò con un chiodo le sue trecce al telaio, quindi gridò: «Sansone, i Filistei ti sono addosso!». In un attimo, Sansone si destò e si liberò con estrema facilità del maldestro legaccio.

Allora Dalila, sentendosi umiliata presso il suo popolo, con parole accorate affrontò Sansone:

«E tu dici di amarmi? Le tue sono parole vane, dette senza cuore; per tre volte ho messo alla prova la tua sincerità e per tre volte ti sei preso gioco di me. Sono amareggiata e delusa, non è questo ciò che mi aspetto da colui che amo e che dovrebbe amarmi!».

Egli fu toccato da queste parole; pensò di aver ingiustamente giocato con i sentimenti di Dalila e, lungi dall'immaginare che la donna volesse consegnarlo veramente ai suoi nemici, le rivelò la verità.

«Sono un nazireo,» le disse «consacrato al Dio di Israele. Simbolo di questa mia condizione è il fatto che mai il rasoio è passato sul mio capo; se le mie lunghe chiome fossero recise, io perderei la mia forza prodigiosa e sarei un uomo qualunque.»

Dalila capì che questa volta Sansone era sincero; chiamò, dunque, i capi del proprio popolo e riferì loro la risposta. I Filistei le diedero il denaro concordato e, mentre Sansone dormiva, gli recisero le sette trecce del capo.

Immediatamente egli perse la sua prodigiosa forza.

Quando Dalila gli gridò: «Sansone, i Filistei ti sono addosso!», egli si svegliò di soprassalto.

Ma quella volta, confuso e stupito, si ritrovò privo sia dei capelli sia delle forze, immobilizzato e in balìa dei suoi nemici.

I Filistei, non contenti di averlo imprigionato, lo accecarono cavandogli gli occhi.

Grandi furono i festeggiamenti: sacrifici e canti di lode furono innalzati alla loro principale divinità, Dagon, come ringraziamento per aver messo nelle loro mani il difensore del popolo di Israele. Senza Sansone, l'unico in grado di contrastare le loro prepotenze, essi si sentivano invincibili e cominciarono a tormentare gli Ebrei.

I Filistei erano a tal punto sicuri di sé da non accorgersi che, lentamente ma inesorabilmente, al loro prigioniero stavano ricrescendo i capelli. In occasione di una festa in onore di Dagon, invitarono anche Sansone, per divertirsi alle spalle di quello che era stato il loro maggior nemico e che ora appariva come un prigioniero debole e cieco.

Sansone comparve tra le colonne del tempio di Dagon, accompagnato da un fanciullo; sentiva le urla della folla, accorsa numerosa; lui procedeva a tentoni, come un vecchio barcollante; poi si fermò, prese a tastare le pietre delle colonne: erano i sostegni del tempio. Vi appoggiò le mani e disse al bambino di allontanarsi; quindi invocò il Signore con parole supplichevoli:

«Dammi ancora una volta la forza, o Signore, perché io possa aiutare il mio popolo!».

Quindi prese a esercitare una poderosa spinta sulle colonne portanti, con il rinnovato vigore che gli veniva dai capelli ricresciuti e dalla sua ritrovata fede in Dio.

Quando si rese conto che le colonne, sotto la pressione delle sue braccia, stavano cedendo, gridò: «Muoia Sansone con tutti i Filistei!».

Le colonne presero a tremare e tutto il tempio franò, travolgendo migliaia di ignari Filistei; coloro che pochi istanti prima ridevano beffardi, schernendo il loro prigioniero impotente – e forse tra loro c'era anche Dalila – ora erano in preda al terrore. Tentarono vanamente di fuggire e, come Sansone aveva chiesto al Signore, morirono insieme a lui, che aveva messo per l'ultima volta la sua forza prodigiosa al servizio del suo popolo.

Per saperne di più

La figura di **Sansone** è una delle più note del Vecchio Testamento. La sua storia è narrata nel libro dei Giudici, che presenta le vicende del popolo di Israele dopo il ritorno in Palestina in seguito all'uscita dall'Egitto e alla liberazione dalla schiavitù, soffermandosi sugli scontri tra gli Ebrei e le popolazioni idolatre che si erano stanziate in quella zona e con le quali il popolo di Israele si contendeva il territorio, tra le quali spiccavano i bellicosi Filistei.
I giudici erano le guide del popolo, che ancora non aveva scelto la monarchia ma aveva comunque bisogno di capi in ambito militare e politico; tra i giudici, ricordiamo Otniel, Eud, Samgar, Gedeone, Iefte e anche una donna, Debora, che amministrava la giustizia e svolgeva le sue funzioni all'ombra di una palma, sulle montagne di Efraim.
Tra i giudici, forse, il più noto o comunque quello che più nei secoli ha colpito l'immaginazione dei lettori della Bibbia, ma anche degli artisti che spesso si sono ispirati alle sue vicende, è Sansone, personaggio caratterizzato da un'incredibile forza fisica, legata alla fede e simboleggiata dai lunghi capelli. Sansone potrebbe apparire come un superuomo, ma è reso estremamente umano dalle sue stesse debolezze e, soprattutto, dalla sua ingenuità nei confronti delle donne, che in due occasioni si prendono gioco di lui. In questo contesto, **Dalila** appare come l'allegoria della *femme fatale* (donna fatale), che con le sue grazie seduce l'uomo sprovveduto.
Al termine della vicenda, vi è il riscatto morale di Sansone, un riscatto privo di trionfalismi, dato che la rivincita sul nemico filisteo si accompagna alla sua stessa morte, accettata come un modo per riaffermare la forza della propria fede.

Davide,
il pastore che divenne re

Dopo che gli Ebrei furono liberati dalla schiavitù in Egitto e tornati in Palestina, per lungo tempo furono governati dai giudici, persone particolarmente autorevoli che costituivano per l'intero popolo una guida sicura sia in tempo di pace sia in caso di guerra.

Israele non aveva un re, quasi che il vero sovrano del popolo eletto[1] fosse Dio stesso, quell'unico Dio che gli Ebrei adoravano, differenziandosi in questo dagli altri popoli antichi, che di dèi ne veneravano molti.

Tuttavia, con l'andar del tempo, il popolo d'Israele cominciò a considerare con attenzione e ammirazione le consuetudini delle altre genti e si accorse che tutti i popoli con cui veniva in contatto erano governati da un re. Dal momento che molte di queste popolazioni erano ricche e potenti, nella mente degli Israeliti la figura del re venne sempre più spesso associata a un'idea di grandiosità e benessere, tanto che il popolo giunse a chiedere a Samuele, vecchio e saggio profeta[2] di Dio, di avere un re.

Samuele fu molto contrariato da una simile richiesta, poiché riteneva che l'unico vero sovrano di Israele dovesse essere Dio stesso; cercò, inoltre, di far ragionare il popolo con argomentazioni molto pratiche.

1. *popolo eletto*: spesso nella Bibbia è chiamato così Israele; il termine eletto significa scelto da Dio.

2. *profeta*: nel Vecchio Testamento era colui che annunciava la parola e il volere di Dio.

«Voi volete un re, ma non vi rendete conto di che cosa significherà questo per voi. Certamente egli avrà una dimora sontuosa e vivrà in modo grandioso, ma prenderà i vostri giovani figli per farne dei soldati o per farli lavorare nei suoi campi e pretenderà che le vostre figlie lo servano a palazzo, s'impadronirà dei vostri campi migliori e vi porterà via le migliori bestie del gregge e della mandria: voi, che ora siete liberi, diventerete schiavi sottomessi alle volontà e ai capricci di un unico uomo.»

A nulla valsero le parole assennate di Samuele; il popolo non volle intendere ragioni: tutte le altre genti, comprese quelle più ricche e potenti, avevano un re, perché dunque Israele non avrebbe dovuto fare come loro?

Così Samuele, chiesto consiglio al Signore, decise, pur controvoglia, di consacrare con il sacro olio un giovane molto forte e coraggioso prescelto da Dio stesso, chiamato Saul.

Saul fu, per molti anni, un ottimo re: guidava con successo le schiere in battaglia contro i nemici di sempre del popolo ebreo, i fortissimi Filistei; amministrava con equità la giustizia in tempo di pace e soprattutto seguiva la parola e il volere di Dio, che spesso si manifestava attraverso la voce del profeta Samuele.

Con il passar degli anni, il potere e la gloria fecero insuperbire Saul, che, sentendosi sempre più sicuro di sé, prese a non dar più ascolto alla voce del Signore, ignorando i suoi ordini.

Fu così che Dio ordinò a Samuele di consacrare un nuovo re, perché governasse secondo la volontà divina. L'anziano profeta si recò su indicazione del Signore nella piccola e modesta cittadina di Betlemme, in casa di un uomo chiamato Iesse.

Qui Samuele passò in rassegna tutti i figli dell'uomo, ma la voce del Signore non gli indicò nessuno di loro. Chiese, così, a Iesse se quelli fossero tutti i suoi figli ed egli rispose: «Ci sarebbe ancora il più piccolo, che è fuori a pascolare il gregge».

Samuele lo fece chiamare e si trovò di fronte un ragazzetto d'aspetto piacevole e gentile, dai begli occhi espressivi e dai capelli biondi. Appena l'ebbe visto, Samuele sentì la voce del Signore e capì che proprio quel giovinetto sarebbe stato il re di cui Israele aveva bisogno: prese quindi l'ampolla con il sacro olio e consacrò Davide re di Israele tra lo stupore dei fratelli, che vedevano il più piccolo di loro prescelto per un così grande onore.

Israele aveva quindi un re che, pur non più benedetto dal Signore, guidava ancora gli eserciti e portava la corona, mentre il giovane re Davide, il prescelto, per lungo tempo non poté ricoprire il ruolo che gli era stato assegnato.

Saul si sentiva sempre più inquieto per avere disobbedito a Dio e cadeva spesso in preda a incubi spaventosi. I suoi servi sapevano che il giovane Davide suonava con grande abilità e dolcezza la cetra, e proposero al re di far venire il ragazzo a corte, perché con il sublime suono del suo strumento calmasse le sue ansie.

Fu così che Davide venne ammesso a palazzo e visse accanto a Saul, senza che questi sapesse della sua segreta consacrazione. Il sovrano amava sentirlo suonare e cantare. A corte, Davide strinse un profondo rapporto di amicizia con il figlio di Saul, Gionata, che lo considerava come un fratello, e fu vivamente apprezzato dalla figlia del sovrano, la fiera Mikal, che ne ammirava la bellezza e la gentilezza.

Davide non era però solo un abile musico e un raffinato cantore: pur non essendo un colosso, aveva membra agili e forti, una mente astuta e un gran coraggio e attendeva l'occasione per dimostrare queste sue doti, quando tra Filistei ed Ebrei scoppiò ancora una volta la guerra.

Mentre gli eserciti dei due popoli si contrastavano schierati uno di fronte all'altro, un colossale[3] Filisteo, chiamato Golia, un gigante di sei cubiti e un palmo[4], protetto da una formidabile corazza e dotato di armi micidiali, uscì dalla prima fila e con voce tonante gridò: «Perché combattere ancora? Io oggi lancio una sfida ai combattenti d'Israele: scegliete un uomo che rappresenti il vostro popolo, che venga avanti e che si batta contro di me. Se riuscirà a resistermi e mi abbatterà, noi saremo vostri schiavi, se a vincere sarò io, voi diventerete nostri sudditi e obbedirete a tutti i nostri voleri! Se qualcuno ne ha il coraggio, si faccia avanti e raccolga la sfida!».

Golia parlò in tono irridente[5], perché pensava di non aver rivali; ed era proprio vero. Nessuno nello schieramento d'Israele osò proporsi per quell'impari duello, e la cosa andò avanti per quaranta giorni: mattina e sera, Golia rilanciava con derisione la sua sfida, tra il terrore e l'imbarazzo degli Israeliti, che non riuscivano a trovare tra loro un campione tanto forte e coraggioso da affrontare il Filisteo.

Capitò che, un giorno, Davide venne a trovarsi sul campo di battaglia proprio mentre Golia lanciava la sua

3. *colossale*: smisuratamente grande.
4. *sei cubiti e un palmo*: queste misure corrispondono, all'incirca, a un'altezza di tre metri.
5. *irridente*: beffardo, che rivela derisione.

insolente provocazione. Di fronte all'imbarazzo generale, il giovane cantore del re intuì l'importanza del momento, si presentò a Saul e gli disse: «Il tuo cuore rimanga saldo o mio signore, andrà il tuo servo a combattere contro questo Filisteo!».

Il re tentò di fermare il ragazzo, ma quando lo vide deciso e irremovibile, non frappose ostacoli e gli offrì la sua armatura e la sua pesante spada. Nel cercare di avanzare così armato, Davide prese a barcollare senza riuscire a muoversi, tanto lo impedivano le pesanti vesti da guerra.

Allora se ne liberò e tornò a essere il semplice pastore che pascolava le greggi di suo padre; prese un bastone e la fionda con la quale difendeva le greggi dall'assalto di leoni e orsi e, avanzando contro il gigante, si fermò sul greto del torrente a raccogliere cinque ciottoli lisci.

Quando Golia si vide il ragazzo di fronte, gli vomitò contro urla di disprezzo:

«Sono forse un cane, perché tu venga contro di me con un bastone? Vieni avanti, stolto, e tra breve gli uccelli e le bestie selvatiche avranno di che banchettare con le tue carni!».

Davide gli rispose fermamente: «Tu vieni a me armato di spada e lancia, io ti vengo incontro nel nome del Signore degli eserciti. Oggi stesso il Signore che tu hai sfidato ti consegnerà nelle mie mani e tutta la terra saprà che vi è un Dio in Israele, un Signore padrone della guerra che dà la vittoria anche a chi non è armato di lancia e spada!».

Dette queste parole, Davide caricò la sua fionda con un sasso e, roteandola con abilità, fece partire il proiettile contro il gigante che avanzava. La pietra lo colpì alla fronte con tale precisione e forza che gli fracassò le ossa del cranio e vi penetrò a fondo. Golia non ebbe neppure il tempo di stupirsi, mentre con tutta la sua mole stramazzava a terra, morendo all'istante.

Alla vista del proprio campione abbattuto da un giovinetto disarmato, incredulità e sgomento si diffusero tra le file dei Filistei: impauriti, abbandonarono lo schieramento e si diedero a una fuga precipitosa, mentre gli Israeliti, rinvigoriti dall'incredibile e inatteso esito dello scontro, li inseguirono e ne massacrarono una ingente moltitudine.

Grande fu il trionfo di Davide, a cui il destino riservò una vita lunga e avventurosa; dovette a lungo lottare contro Saul prima di diventare re di Israele e, quando Saul morì in battaglia con i suoi figli, Davide ne pianse la morte in una commovente lamentazione[6] funebre: non provava rancore per il vecchio re, né per brama[7] di potenza rivendicava il trono d'Israele, ma solo per il desiderio di veder attuata la volontà del Signore.

Fu un grande sovrano: durante il suo lungo e glorioso regno si rese protagonista di tante gesta guerresche e di trionfi memorabili, non tralasciò mai l'arte della musica e della poesia e non perse mai la sua dolcezza d'animo; ma la sua impresa più famosa restò lo scontro tra lui, ragazzo armato di una semplice fionda, e il gigantesco Golia, abbattuto nella sua stolta tracotanza[8] dalla pietra guidata dalla mano del Signore.

6. *lamentazione*: testo composto in occasione di un evento doloroso.
7. *brama*: desiderio ardente e intenso.
8. *tracotanza*: atteggiamento caratterizzato da arroganza e presunzione.

Per saperne di più

L'episodio di **Davide** e **Golia** è tratto dal primo libro di Samuele, che fa parte del Vecchio Testamento. Questa narrazione, che pone un uomo imponente dalla forza brutale di fronte a un ragazzo semplice, ma forte della fede nel Dio dei propri padri, rappresenta uno degli episodi più conosciuti e più amati della Bibbia, ripreso in numerosissime opere artistiche e letterarie.
In effetti, popoli di cultura diversa condividono la concezione secondo cui chi è guidato dalla forza dell'intelligenza prevale alla fine su chi conta solo sulla forza dei propri muscoli; si pensi, a questo proposito, all'episodio narrato nell'*Odissea* della lotta tra Odisseo e il ciclope Polifemo o alle innumerevoli versioni che il tema ha avuto nelle narrazioni delle fiabe.
Si può dire, comunque, che il confronto tra Davide e il gigantesco Golia è diventato esemplare forse più di altri episodi analoghi, tanto da essere utilizzato ancora nel linguaggio contemporaneo per indicare una lotta impari nella quale chi è più debole, ma dotato di valide motivazioni e astuzia, può sperare di avere la meglio sull'avversario apparentemente molto più forte («come un novello Davide contro Golia»).
Si deve inoltre ricordare come la figura di Davide, futuro grande re di Israele, sia una delle più amate della Bibbia, per le caratteristiche del personaggio, presentato come un grande combattente e un saggio re ma anche come un giovane dotato di fascino, grazia e talento poetico.
Davide è l'autore di molti salmi, cioè di preghiere in forma poetica, ancora oggi letti e cantati ed è considerato uno degli antenati di Gesù Cristo, che al momento dell'entrata a Gerusalemme viene osannato come «figlio di Davide» (*Mt* 21,9).

Giuditta:
fede, bellezza e coraggio

Nella storia di Israele una donna è ricordata per il coraggio e l'incredibile determinazione dimostrati in una situazione di grande difficoltà per il suo popolo.

Giuditta, questo è il nome della donna, si trovò ad agire nel tempo in cui Nabucodonosor, gran re degli Assiri, era profondamente adirato contro il popolo di Israele perché aveva rifiutato di unirsi al suo esercito nella guerra al re dei Medi Arpacsad.

Il sovrano degli Assiri, dopo aver sconfitto il suo avversario, sentendosi forte e potente, decise di punire tutti i popoli che non si erano uniti a lui nella sua impresa e inviò contro di loro il più terribile dei suoi generali, Oloferne.

Costui partì con centoventimila uomini e dodicimila arcieri a cavallo, con armi e provviste in abbondanza e sconfisse via via tutti i popoli contro cui era diretta l'ira del suo re.

Alcune popolazioni, decidendo la resa, inviarono ambasciatori di pace incontro al generale e lo accolsero con danze e musiche, ma egli, eseguendo gli ordini del proprio sovrano e compiacendo il suo stesso animo crudele, distrusse senza pietà tutti i templi e i luoghi sacri di queste genti, secondo l'intenzione di Nabucodonosor di cancellare ogni altra religione e di proporre il culto della propria persona.

Quando Oloferne giunse davanti alle grandi montagne che dominavano le pianure della Giudea, si accampò fra Gebe e Scitopoli e vi rimase per un intero mese. Tra gli Israeliti si diffusero panico e angoscia, perché temevano che Oloferne avrebbe distrutto il grande tempio di Gerusalemme.

Il sacerdote Ioakim decise di sostenere lo scontro con il nemico e ordinò alle sue genti di fortificare i villaggi, di ammassare viveri, di rifornirsi di acqua e di appostarsi ai valichi dei monti posti all'ingresso della Giudea, poiché lì, data la strettezza dei luoghi, sarebbe stato possibile arrestare l'avanzata delle truppe nemiche.

La grandiosa macchina da guerra assira sembrava invincibile; Oloferne avanzò sempre più profondamente nel territorio della Giudea e pose sotto assedio la città ebraica di Betulia, gettando nel terrore gli abitanti, che videro i nemici occupare tutte le possibili vie di fuga e circondare le sorgenti da cui essi potevano rifornirsi di acqua.

Il comandante assiro, consigliato dagli Idumei e dai Moabiti, storici nemici di Israele, voleva prendere la città, costringendola alla resa per fame e sete; la sua strategia sembrò alla fine avere successo, poiché, dopo trentaquattro giorni di assedio, quando le riserve d'acqua vennero a mancare, dapprima i bambini e le donne cominciarono a cadere sfiniti, poi anche gli uomini iniziarono a soffrire il tormento dell'arsura e a sentirsi sempre più deboli.

Allora tutto il popolo si radunò presso gli anziani e i sacerdoti e, mostrando i segni del lungo patire, si lamentò dicendo: «Per noi non c'è più scampo! Arrendiamoci a Oloferne; certo finiremo col diventare schiavi degli Assiri, ma sarà meglio perdere la libertà che vedere le nostre donne e i nostri figli morire di fame e di sete!».

Ozia, uno dei capi della città, cercò di calmarli e di incoraggiarli, incitandoli: «Coraggio! Possiamo farcela; resistiamo ancora per cinque giorni, vedrete che il Signore nostro Dio troverà il modo di intervenire in nostro aiuto. Coraggio! Se così non sarà, vi prometto che tra cinque giorni ascolterò le vostre parole e dichiarerò la nostra resa!».

La fiducia che Ozia riponeva nel soccorso del Dio d'Israele fu ripagata, anche se ciò avvenne in maniera del tutto singolare e inaspettata.

Viveva allora in Betulia una donna di nome Giuditta, vedova da tre anni e quattro mesi. Era una donna molto bella e dal marito defunto aveva ereditato un'ingente ricchezza. Tuttavia in memoria del consorte scomparso conduceva una vita austera e timorata di Dio: si era fatta costruire una tenda sulla terrazza di casa e là viveva, portando le luttuose vesti da vedova e digiunando.

Condivise con la sua gente la dolorosa esperienza dell'assedio e, quando venne a sapere della richiesta di Ozia di fronte all'esasperazione del popolo, mandò a chiamare due dei capi della città, e si rivolse loro in questi termini: «Le vostre parole non sono state giuste. Cosa avete fatto? Avete posto un limite di tempo all'azione di Dio? Come pretendete di conoscerne i disegni? Siete presi dal dubbio? Non avete più fiducia nel Signore, che sempre ha sostenuto i nostri padri? Se non interverrà nei prossimi giorni, lo farà quando lo riterrà più giusto e opportuno. In attesa, invochiamo il suo aiuto e, se a lui piacerà, ascolterà la nostra voce».

I capi ammisero di aver preso una decisione affrettata, ma non c'era modo di trovare altra soluzione: troppe erano state le sofferenze patite, incontrollabile era ormai la disperazione dei più, diffusa in ogni casa la rassegnazione. Esortarono Giuditta, donna saggia e virtuosa, a pregare affinché in quei cinque giorni il Signore mandasse loro la pioggia a riempire le cisterne e concedesse loro una nuova possibilità di resistere.

Giuditta non si limitò a promettere preghiere, ma in tono fiero sentenziò: «Voglio compiere un'impresa che rimarrà nel ricordo delle generazioni a venire: stasera uscirò dalla città con la mia ancella e vedrete che il Signore, per mezzo mio, provvederà al suo popolo entro quei giorni che voi avete indicato; ma non chiedetemi di più, perché altro non vi dirò!».

I capi della città, che avevano perso ogni speranza ma avevano un'alta considerazione della giovane vedova, annuirono e se ne andarono fiduciosi.

Allora Giuditta si gettò con la faccia a terra, si sparse il capo di cenere e supplicò Dio con voce ferma: «Gli Assiri si sono inorgogliti delle loro vittorie e sono fieri della loro forza, ma non sanno che tu, o Signore, sei colui che domina i suoi nemici e ne spezza la superbia. Aiuta il tuo popolo, o mio Dio! Colpisci con la seduzione delle mie labbra il nemico che trama contro il tuo popolo. Dammi una parola suadente[1] per confondere chi ha deciso di contaminare la tua casa e i tuoi altari. Mostra, o Signore, attraverso una donna tutta la tua collera e la tua potenza!».

Quindi si lavò con cura il corpo, ungendolo con olii profumati; indossò vesti preziose ed eleganti, si cinse di collane, bracciali, anelli e orecchini e si pose sulla testa un diadema[2].

1. *suadente*: piacevole, carezzevole.
2. *diadema*: ricco ornamento del capo in oro e pietre preziose.

Consegnò alla sua ancella un otre di vino, un'ampolla[3] d'olio, una bisaccia[4] di farina, dei pani e dei fichi secchi. Così equipaggiate, le due donne lasciarono la città per la porta che era stata aperta così come Giuditta aveva chiesto ai capi del suo popolo.

La donna e l'ancella erano quasi giunte alle porte dell'accampamento di Oloferne, quando furono fermate dalle guardie. Giuditta con grande sicurezza spiegò loro che il suo popolo era ormai stremato e prossimo alla resa e lei era venuta a consegnarsi nelle mani di Oloferne, per indicargli il modo di impadronirsi di tutta la regione senza perdere nemmeno un soldato.

Le guardie, colpite dalla prodigiosa bellezza e dalla raffinata eleganza della donna, la introdussero alla presenza del generale, che se ne stava adagiato sotto un baldacchino di porpora, oro e pietre preziose.

Giuditta si prostrò ai suoi piedi in segno di rispetto, ma Oloferne le disse di rialzarsi, rassicurandola con parole clementi, e le domandò perché fosse giunta presso di lui.

«Mio signore,» rispose Giuditta «il mio popolo ha peccato contro il suo Dio e la sua sorte è segnata. Tienimi presso di te e concedimi ogni sera di poter uscire a pregare il Signore. Egli mi rivelerà quando avrà definitivamente abbandonato il suo e mio popolo e io ti dirò quando dovrai agire senza che nessuno possa resisterti!»

Il generale credette a Giuditta, perché le sue parole, che legavano la sorte di Israele alla sua obbedienza a Dio, corrispondevano a quanto gli era già stato riferito circa la mentalità di quel popolo; inoltre il generale era

3. *ampolla*: piccolo contenitore di vetro.
4. *bisaccia*: sacca.

completamente accecato dalla bellezza, dall'amabilità e dalla raffinatezza della donna.

Per tre giorni Giuditta rimase all'accampamento; il comandante la invitava ai suoi ricchi banchetti, ma lei preferiva restarsene ritirata e nutrirsi con i cibi semplici che aveva portato con sé; ogni notte, uscendo dalla propria tenda, si purificava con acqua di sorgente e pregava Dio: «Guida la tua serva, o Signore, nell'impresa che darà gloria e onore ai figli del tuo popolo».

Il quarto giorno Oloferne la invitò in modo più insistente del solito a banchettare insieme e questa volta Giuditta accettò. Quando, acconciata in modo conturbante[5], entrò nella tenda del generale, Oloferne, che fin dal primo momento era rimasto affascinato dalla sua abbagliante bellezza, fu preso da grande desiderio di lei. Le offrì da bere e Giuditta non si ritrasse, anzi accettò esclamando entusiasta: «Volentieri bevo, o mio signore. In tutta la mia vita non sono mai stata felice come oggi».

Oloferne ne fu incantato: la magia di quella sera, il profumo di quel corpo tanto desiderato, l'allegria contagiosa della ragazza e la soddisfazione di averla presso di sé lo spinsero a bere oltre ogni limite; era talmente inebriato che concesse vino e cibo anche ai servi e alle guardie perché condividessero con lui l'esaltazione di quel momento.

Poi il buio scese sull'accampamento e il capo dei servi, vedendo il suo signore immerso nei fumi del vino e invaghito della bella ebrea, chiuse la tenda, allontanando le guardie, che se ne andarono a dormire stanche per aver anch'esse bevuto troppo.

5. *conturbante*: tale da inquietare; che suscita turbamento, desiderio di tipo sensuale.

Oloferne era disteso ubriaco sul divano, ignaro del suo destino, quando Giuditta staccò la scimitarra del comandante appesa a una delle colonne del suo giaciglio; afferrò la testa del generale per i capelli e con una terribile espressione che le alterava il viso invocò: «O Dio di Israele, guida l'opera della mia mano. È questo il momento della rovina per i nemici che si sono levati contro di te! Non abbandonarmi, o Signore; ora dammi la forza!».

Con tutta l'energia che sentiva di avere in corpo, vibrò due colpi sul collo di Oloferne e la testa fu staccata di netto. Con gesti sicuri e rapidi avvolse il macabro[6] trofeo nella stoffa delle tende del letto, consegnò l'involto alla sua ancella che l'attendeva fuori, e insieme uscirono dall'accampamento.

Nessuno s'insospettì, dal momento che Giuditta era solita uscire all'aperto di notte per pregare, ma questa volta le due donne procedettero oltre e, lasciando alle loro spalle il campo assiro, rientrarono a Betulia.

Il ritorno di Giuditta fece radunare una gran folla, curiosa di sapere che cosa fosse successo in quei giorni in cui era stata lontana dalla città.

«Lodate Dio, che per mano di una donna ha colpito il nemico del suo popolo; viva il Signore, che mi ha guidato nell'impresa» esclamò a gran voce l'eroina e, così dicendo, trasse dall'involucro la testa mozzata di Oloferne, generale supremo dell'esercito assiro, e la mostrò agli astanti[7] inorriditi. Vecchi, donne, uomini, bambini, liberati dall'incubo del terribile nemico, si prostrarono in adorazione e levarono canti di lode in onore di Dio e

6. *macabro*: impressionante, raccapricciante.
7. *astanti*: presenti.

di Giuditta: «Benedetta sei tu, figlia di Israele, più di ogni altra donna, e benedetto sia Dio che ti ha permesso di troncare la testa del nostro nemico!».

I capi assiri, che nel frattempo erano andati alla tenda di Oloferne per svegliarlo, l'avevano trovato orribilmente mutilato e ne avevano provato sorpresa e sgomento[8]. La notizia corse di bocca in bocca e in breve tra le schiere assire si diffuse il panico.

All'alba, su consiglio della stessa Giuditta, gli Israeliti posero la testa mozzata di Oloferne bene in vista sulle mura della città e scesero in armi contro l'esercito assediante. A quella vista gli Assiri gettarono le armi e si diedero alla fuga, mentre gli Israeliti, sentendosi sempre più forti e sicuri, si posero al loro inseguimento, facendone terribile strage.

Quando fu chiaro che il nemico era sconfitto, tutto il popolo intonò canti di giubilo, mentre le donne, guidate da Giuditta, intrecciarono balli al suono di timpani e cembali[9] e inneggiarono lodi al Signore.

Tornata alla casa della sua vedovanza, Giuditta visse fino a superare i cento anni. Tutti la guardavano con rispetto e venerazione; ammiravano in lei il coraggio e l'astuzia, ma soprattutto la fede, che mai le aveva fatto dubitare del Signore, anche quando gli stessi capi del popolo e i sacerdoti avevano perso ogni speranza.

Priva della forza fisica del guerriero o dell'autorevolezza del sacerdote, ma dotata di una fede incrollabile, con la sola capacità di affidarsi a Dio aveva compiuto un'impresa molto superiore alle umane possibilità, salvando così dalla morte e dalla schiavitù il proprio popolo.

8. *sgomento*: turbamento, stupore.

9. *timpani e cembali*: antichi strumenti musicali a percussione, usati presso gli Ebrei per accompagnare il canto e la danza.

Per saperne di più

L'episodio famosissimo di **Giuditta** e **Oloferne** può colpire il lettore odierno per l'apparente crudezza dell'impresa portata a termine dalla virtuosa vedova. Tuttavia, al di là dei particolari cruenti, spesso ripresi anche nel campo dell'arte figurativa, si deve leggere nel racconto la volontà di trasmettere al popolo fiducia nel proprio Dio.
Il fatto che, all'interno del Libro sacro di una società paternalistica, in cui è predominante la figura maschile, la portatrice di salvezza sia una donna può stupire, ma l'apparente debolezza della protagonista è un mezzo per esaltare ulteriormente l'intervento provvidenziale della divinità.
Si deve infine rilevare che Giuditta non viene presentata come un semplice tramite, ma come una donna dalla forte personalità e dalle molteplici doti, che non si limitano solo alla bellezza, ma consistono soprattutto in una grande saggezza, in una profonda fede e in uno straordinario coraggio.

Ester,
la generosa determinazione

Un tempo nella città di Susa, dove il re persiano Assuero teneva la sua reggia estiva, viveva un uomo chiamato Mardocheo, discendente dalla tribù di Beniamino[1]. Apparteneva a quel gruppo di esuli israeliti che erano stati deportati da Gerusalemme da Nabucodonosor, e ora erano sottomessi insieme a molti altri popoli al dominio persiano.

Mardocheo era un uomo giusto e onesto che prestava servizio al palazzo reale; aveva allevato nella sua casa un'orfana, figlia di uno zio, chiamata in ebraico Adassa[2], ma più conosciuta con il nome persiano di Ester[3].

Il primo giorno del mese di Nisan, Mardocheo fece uno strano sogno: tra grida, strepiti e spaventosi sussulti della terra, due draghi avanzarono l'uno contro l'altro, pronti a battersi. Al loro grido tutte le genti si mossero per combattere contro la nazione dei giusti e in quel giorno di tenebre e di tribolazione gli Ebrei, atterriti dalle sventure che li attendevano, credettero di essere sul punto di sparire. Allora invocarono il Signore ed ecco sgorgare un piccolo ruscello che divenne un grande fiume, una imponente massa d'acqua; poi apparve una luce che si trasformò in sole e quelli che erano nella di-

1. *tribù di Beniamino*: è una delle dodici tribù di Israele, discese dai dodici figli di Giacobbe.
2. *Adassa*: nome proprio che in ebraico significa «mirto».
3. *Ester*: nome proprio che in persiano significa «stella».

sperazione vennero esaltati e divorarono quelli che li minacciavano.

Al suo risveglio, Mardocheo ripensò al sogno ma, per quanto tentasse, non riusciva a trovarne una spiegazione.

In quel tempo a Mardocheo capitò casualmente di scoprire un piano omicida di due funzionari ai danni del re; ne avvertì il sovrano che, condotte le opportune indagini, sventò l'attentato, punì i colpevoli, fece trascrivere nelle cronache del regno ciò che aveva compiuto Mardocheo e lo rese funzionario di palazzo.

Ciò riempì d'invidia un altro cortigiano molto potente e stimato dal re, Amman, il quale cominciò a nutrire malevolenza nei confronti di Mardocheo.

Assuero regnava allora su un vastissimo impero che si estendeva dall'India all'Etiopia e, dopo tre anni di regno, pensò di dare una grandiosa festa a cui invitò tutti i suoi principi, i ministri, i capi dell'esercito, i governatori delle province. Il convito[4] fu un'occasione per il sovrano di mostrare ai propri ospiti non solo tutte le ricchezze e i fasti della reggia, ma anche la propria munificenza[5]. I festeggiamenti proseguirono ininterrottamente per settimane fino all'ultimo grande trattenimento che durò sette giorni; fu invitata anche la popolazione di Susa e come segno della magnificenza[6] reale furono concessi a tutti cibo e vino in abbondanza. Nel frattempo, nella parte della reggia a lei riservata, la regina Vasti ospitava a banchetto le consorti degli ospiti.

Al settimo giorno del convito il re, sentendosi il cuore e la mente rallegrati dal vino, mandò a chiamare la

4. *convito*: pranzo solenne, banchetto.
5. *munificenza*: grande disponibilità nel donare.
6. *magnificenza*: generosità, grandezza d'animo.

regina Vasti perché apparisse davanti agli invitati nello splendore della sua bellezza, ornata con il reale diadema. Ma Vasti, che aveva un carattere forte e orgoglioso, rifiutò di obbedire all'ordine del re, sembrandole poco dignitoso comparire come un oggetto da esibirsi a degli invitati, probabilmente ubriachi.

Colto di sorpresa da un rifiuto tanto deciso quanto inatteso, il sovrano si adirò e chiese ai suoi consiglieri che cosa convenisse fare davanti a tale oltraggioso modo di agire. I saggi sostennero che una simile azione doveva essere assolutamente punita: la regina non aveva offeso solo il re, ma anche tutti i principi e i governatori delle province lì riuniti; se non fosse stato punito, quel comportamento avrebbe potuto spingere altre mogli a disobbedire ai mariti, minando[7] l'ordine delle famiglie.

Era necessario, dunque, emanare un editto con il quale la regina Vasti venisse privata della dignità regale, perché tutte le donne dell'impero capissero che dovevano obbedire agli ordini dei mariti e tutti i sudditi comprendessero che non potevano trasgredire a un ordine del sovrano, senza subirne le conseguenze.

Il re, pieno di collera e di vino, fu d'accordo con i suoi consiglieri; venne emanato un decreto con cui veniva tolta la dignità regale a Vasti e si ordinava l'allontanamento dalla reggia della donna, ormai non più regina. L'editto fu inviato in ogni provincia del vasto impero persiano, tradotto nelle varie lingue delle numerose popolazioni che lo componevano.

Trascorso qualche tempo, il re, placato lo sdegno, cominciò a sentire la mancanza di una sposa accanto a sé. Non potendo richiamare Vasti perché avrebbe perso di

7. *minando*: compromettendo.

credibilità presso il suo popolo, i suoi consiglieri lo convinsero a cercare una fanciulla bella e pura che potesse ricoprire il ruolo di regina più degnamente di Vasti.

Così da tutte le province e città dell'impero le vergini più belle furono condotte in gran numero presso la reggia di Susa e custodite nella parte del palazzo riservata alle donne, in attesa che il re compisse la sua scelta.

Tra queste fanciulle vi era anche la giovane parente e protetta di Mardocheo, la dolce Adassa o Ester, come la chiamavano ormai tutti. Oltre a una vivace intelligenza, Ester aveva un carattere dolce e solare e, a differenza di altre ragazze che, appena giunte a palazzo, avevano cominciato subito a litigare tra loro, creando trambusto e tensione, si rivelò riservata e prudente, attirandosi le simpatie dei funzionari e dei sorveglianti delle donne, i quali fecero di tutto per favorirla.

Nel frattempo Mardocheo continuava, in segreto, ad avere contatti con Ester, che considerava come una figlia e che gli si era affidata completamente, riconoscente per averla allevata quando era rimasta sola e orfana. Ester, però, per prudenza non parlò mai a nessuno né della sua parentela con Mardocheo né della sua origine israelita.

Ogni fanciulla, dopo un lungo periodo di preparazione, durante il quale oltre ad abbellire il proprio corpo veniva istruita sul comportamento da tenere davanti al re, compariva di fronte al sovrano; poi ritornava nell'harem in attesa di una seconda e decisiva chiamata. Molte ragazze erano state condotte davanti ad Assuero, ma ancora nessuna era stata da lui richiamata. Finché giunse la volta di Ester.

Il sovrano, attratto dalla sua bellezza e, soprattutto, dalla sua grande dolcezza, che la rendeva tanto diversa da Vasti, non solo dopo il primo incontro la fece tornare presso di sé, ma decise che ella sarebbe stata la sua nuova regina e le pose in capo la corona regale che era stata di Vasti, presentandola a tutti i suoi ministri e dignitari come la sua nuova sposa ufficiale.

Alla reggia Mardocheo era stimato da tutti, ma aveva un nemico, Amman. Costui, uomo avido e ambizioso, non tollerava che il dignitoso Mardocheo, come ogni Israelita, rifiutasse di attribuire ai mortali onori destinati solo a Dio. Egli era l'unico a non piegare le ginocchia e a non prostrarsi al passaggio di Amman: e per questo Amman lo odiava.

Ottenebrato dall'ira, Amman decise di attuare una feroce vendetta che colpisse non solo lui, ma tutto il popolo di Israele. Approfittando, dunque, della considerazione che il sovrano nutriva nei suoi confronti, gli disse: «Grande re, nel tuo vasto regno c'è un popolo, che vive disseminato tra le altre genti, che non osserva le tue leggi e non ti tributa la venerazione che ti è dovuta!».

Assuero, irruente e collerico com'era, si adirò immediatamente e, senza nemmeno verificare l'identità di questo popolo, diede il permesso ad Amman di punire in modo esemplare tale gente, concedendogli, con il proprio anello regale, ogni autorità sulla questione.

Amman convocò allora i segretari e i funzionari del re perché redigessero i decreti per i governatori di ogni provincia, nei quali si stabiliva che il tredici del dodicesimo mese dell'anno, chiamato Adar, tutti gli Israeliti, uomini, donne e bambini, venissero sterminati e i loro beni fossero saccheggiati; il tutto era garantito dal sigillo reale.

I Giudei, venuti a conoscenza dell'editto, sprofondarono nella più cupa disperazione, pensando che per loro non vi sarebbe stata possibilità di salvezza; anche Mardocheo dapprima disperò per se stesso e per il proprio popolo, poi pensò di rivolgersi a Ester: la regina sarebbe potuta certamente intervenire e allontanare la minaccia dal popolo d'Israele.

«Non puoi permettere che il nostro popolo venga annientato per colpa del malvagio Amman!» le mandò a dire tramite uno dei guardiani, dato che non poteva entrare negli appartamenti delle donne del palazzo. «Ricordati dei giorni della tua povertà e di quando vivevi presso di me. Prega il Signore per noi e invoca presso il re pietà per gli Israeliti!»

Attraverso il messaggero, Ester gli fece sapere: «Conosci bene la legge: se un suddito, uomo o donna, povero o ricco, si presenta davanti al re nella sala del trono senza essere stato convocato, viene messo a morte, a meno che il sovrano non stenda verso di lui il suo scettro dorato. Da trenta giorni il re non mi chiama, forse si è stancato di me; cosa dovrei fare, dunque? Presentarmi di mia iniziativa e rischiare la morte?».

«Non pensare di poterti salvare!» ribatté Mardocheo. «Il decreto vale per tutti i Giudei e tu sei una di noi! E poi, chissà, forse Dio ti ha reso regina proprio in previsione di una circostanza come questa, in cui il tuo ruolo si sarebbe potuto rivelare utile per il suo popolo!»

Ester, a quel punto, incaricò il messaggero di chiedere a Mardocheo e a tutti i Giudei di Susa di pregare per lei e di digiunare per tre giorni e tre notti: aveva deciso di presentarsi davanti al re, andando incontro al proprio destino e rischiando la vita per la salvezza del suo popolo.

Con risolutezza, depose le vesti lussuose che di solito portava e indossò miseri abiti, si ricoprì il capo di cenere e così pregò il Signore: «Il pericolo che minaccia la mia vita è così vicino che lo posso toccare con le mani. Aiutami, o mio Signore, nel mio isolamento, perché io non posso avere altro aiuto che da te. Tu hai sempre mantenuto le promesse nei confronti del tuo popolo e ora i tuoi nemici vogliono sterminare la tua eredità, estinguere per sempre coloro che ti lodano e magnificano le tue opere; volgi, o Signore, i loro piani in loro rovina, trasforma la loro superbia in umiliazione, perché non ridano delle nostre disgrazie. Liberaci con la tua potenza e metti sulle mie labbra parole suadenti, capaci di disporre il cuore del re a detestare il nostro nemico. Esaudisci le parole di chi crede e spera in te».

Per tre giorni digiunò e pregò insieme alle sue ancelle; il terzo giorno abbandonò gli stracci con cui si era ricoperta e riprese le ricche vesti di regina, attraversò le stanze del palazzo fino alla sala del trono. Il suo volto era dolce e radioso, la sua anima smarrita per la paura, ma nemmeno per un istante pensò di fermarsi.

Quando giunse nella sala del trono e vide il re in tutta la sua sdegnosa maestà, si sentì svenire e si appoggiò alla damigella che l'accompagnava, ma Dio volse in dolcezza l'animo del sovrano che sentì svanire l'ira e, colmo di tenerezza e di preoccupazione, lasciò il seggio regale, toccò con lo scettro il collo di Ester, la prese tra le braccia e la rassicurò: «Non temere, Ester, e avvicinati senza paura! Tu non morrai: questa legge non è fatta per te. Che cosa desideri, che cosa ti turba? Dimmi e io esaudirò ogni tua richiesta!».

Si fece forza, allora, Ester e rispose: «Se così piace al re, venga, per farmi felice, insieme ad Amman al banchetto che ho preparato per lui e lì avanzerò la mia richiesta!».

Così il re si recò insieme ad Amman al banchetto che Ester aveva fatto preparare; ma Ester rimandò ancora la sua richiesta, limitandosi a invitare Assuero e Amman a un ulteriore trattenimento il giorno dopo.

Amman tornò a casa dal palazzo più insuperbito che mai, per essere stato l'unico invitato insieme al re al convito della regina, e si vantò con la moglie e gli amici per gli alti onori che gli erano riservati e per il potere che aveva raggiunto, ma non poté trattenersi dall'esprimere l'amarezza di non aver ricevuto dall'odiato Mardocheo alcun gesto di riverenza e sottomissione. La moglie e gli amici di Amman, sciocchi e superbi come lui, lo aizzarono contro Mardocheo e gli suggerirono di utilizzare il potere concessogli dal re per condannarlo a morte. Amman si fece convincere e diede subito ordine di costruire un patibolo di cinquanta cubiti[8] al quale impiccare Mardocheo.

Quella notte, il re tardava a prendere sonno; diede perciò ordine ai suoi segretari di leggergli le cronache del regno e la sua attenzione si soffermò particolarmente laddove si parlava dell'attentato al sovrano sventato da Mardocheo.

«Che cosa si è fatto per onorare un simile uomo?» chiese il re, che era collerico ma giusto e generoso.

«Nulla!» risposero i segretari. Allora Assuero fece chiamare Amman e gli chiese che cosa fosse opportuno fare per l'uomo che il re voleva onorare. Il superbo Amman, credendo di essere lui quell'uomo, abbondò in suggerimenti: «A quest'uomo» disse «si dovrebbero dare le vesti reali e il cavallo che il re suole cavalcare e la corona del re; il funzionario più importante dovreb-

8. *cubiti*: antiche unità di misura di lunghezza, corrispondenti a 44,45 cm.

be condurlo per le strade, gridando: "Ecco ciò che avviene all'uomo che il re vuole onorare!"».

A quel punto il re ordinò ad Amman di prendere la veste, il cavallo e la corona reali e di portarli a Mardocheo, perché era lui la persona che voleva onorare.

Così Amman dovette assistere alla gloria del suo rivale e, beffa del destino, poiché era il più importante funzionario di Assuero, dovette egli stesso condurre il cavallo reale, gridando: «Ecco ciò che avviene all'uomo che il re vuole onorare!».

Tutto questo rese Amman oltremodo furioso, ma due pensieri lo consolavano: l'invito al banchetto di Ester e l'esistenza dell'editto che condannava a morte tutti i Giudei, compreso Mardocheo.

Amman si riprese dall'umiliazione, ma al banchetto della regina lo attendevano sorprese peggiori. Quando il re tornò a esortare Ester perché gli manifestasse le richieste che tanto le stavano a cuore, la regina così rispose: «Se ho trovato grazia agli occhi del re e se così piace al re, chiedo la vita per me e per il mio popolo! Stiamo per essere sterminati senza alcuna colpa per volontà di un malvagio, ferma o mio sovrano la mano che ci distruggerà!».

Il re rimase sorpreso, chiese spiegazioni e volle sapere a quale macchinazione intendesse riferirsi Ester; quando tutto gli fu finalmente detto, compresa l'origine giudea di Ester, capì il disegno crudele di Amman.

Costui, mentre il re furibondo si era allontanato momentaneamente, si gettò sul divano su cui era stesa Ester per chiederle perdono, ma questo suo gesto fu interpretato dai presenti come un tentativo di violenza nei confronti della regina, e la situazione per il perfido consigliere peggiorò irreparabilmente: il re, accecato dallo sdegno, ordinò che Amman fosse impiccato a quello stesso patibolo che proprio Amman aveva fatto costruire per Mardocheo.

Solo così si placò la collera del re; si era sentito ingannato e tradito da Amman e ora, per sostituirlo quale uomo di fiducia, nominò Mardocheo suo primo ministro.

Restava tuttavia in vigore l'editto di condanna dei Giudei e fu ancora Ester a ricordare al re che il suo popolo era condannato allo sterminio.

«Non potrei mai sopravvivere alla disgrazia del mio popolo!» disse tra le lacrime.

Allora Assuero ordinò che l'editto, che gli era stato estorto con l'inganno da Amman, fosse revocato; il re emanò una lettera destinata a tutte le province dell'impero persiano e scritta nelle varie lingue di quei territori, in cui deprecava l'operato di Amman, ispirato dalla sua superbia e malvagità e, lodando i Giudei per la loro onestà e rettitudine, ordinava di sospendere ogni persecuzione il tredici del dodicesimo mese, chiamato di Adar, giorno fissato per lo sterminio.

Così quello che doveva essere un giorno terribile e funesto si tramutò in un giorno di gioia. Da allora il popolo di Israele celebrò ogni anno la salvezza dalla morte con la festa dei Purim, dal plurale del nome che indicava «la sorte», perché il malvagio Amman aveva fissato per quel giorno la sorte di Israele. E sempre restò vivo tra gli Israeliti il ricordo dell'onesto Mardocheo e della dolce e coraggiosa Ester.

Per saperne di più

La suggestiva storia di **Ester** ha, da un lato, lo scopo di spiegare le origini e il significato della festa dei Purim, una ricorrenza molto cara al popolo ebraico, dall'altro lato vuole esaltare sia la virtù di una fanciulla sia l'intervento di Dio, che salva il proprio popolo dalla distruzione.
Ester, come Giuditta, dimostra un grande coraggio, anche se la sua azione non sfocia nella violenza; entrambe, comunque, basano il loro comportamento sulla fede in Dio e sull'amore per il proprio popolo. Queste due motivazioni le spingono ad agire e rappresentano, insieme al coraggio, alla bellezza e all'intelligenza, le forze che determineranno la vittoria delle due donne.

Dentro il testo

L'eroe nel Vecchio Testamento

Sansone, un ingenuo forzuto

● COMPRENDERE E ANALIZZARE

1. Per quale motivo la nascita di Sansone appare come un evento particolare? ....

....

....

2. Quale significato religioso assume la chioma fluente non toccata dal rasoio? ....

....

....

3. Parlare di Sansone per metafore e indovinelli vuol dimostrare:

- ☐ la superiorità culturale del popolo ebraico
- ☐ la difficoltà di esprimersi di un uomo solamente forte
- ☐ l'incapacità di capirsi di due popoli tra loro molto diversi

4. Quale debolezza porta Sansone alla rovina? ....

....

5. «Muoia Sansone con tutti i Filistei!» Con il suo gesto estremo Sansone:

- ☐ riscatta la sua ingenua leggerezza, immolandosi per il suo popolo
- ☐ non ha via di scampo e riesce a salvare almeno Dalila
- ☐ si sacrifica per ottenere memoria duratura presso i Filistei

Davide, il pastore che divenne re

● COMPRENDERE E ANALIZZARE

1. Che cosa spinge gli Israeliti a voler essere governati da un re? ....

....

....

2. Con quali motivazioni Samuele contrasta la richiesta del popolo di eleggere un re? ....

....

....

....

3. Che cosa induce il Signore a ordinare a Samuele di consacrare un nuovo re al posto di Saul? ....

....

....

4. Per quali caratteristiche viene scelto proprio Davide come nuovo re di Israele? ....

....

....

....

5. Quale «forza» spinge Davide ad affrontare un avversario tanto pericoloso come Golia? ....

....

....

Giuditta: fede, bellezza e coraggio

DENTRO IL TESTO

● COMPRENDERE E ANALIZZARE

1. Quale particolare momento storico sta vivendo il popolo d'Israele, quando ha luogo la vicenda di Giuditta?

....

2. Anche in questa circostanza non è difficile notare che il popolo d'Israele:

☐ è benvoluto dai popoli vicini, che stabiliscono con lui relazioni di collaborazione

☐ deve guardarsi dalle minacce che gli giungono dai popoli della zona

☐ rinuncia alla propria religione pur di sopravvivere

3. Chi è Giuditta e qual è la sua esperienza di vita? ....

....

4. Quale decisione prende Giuditta quando si accorge che il suo popolo è in pericolo e che i suoi capi non dimostrano sufficiente forza e fermezza? ....

....

5. Per portare a compimento la propria impresa, Giuditta fa affidamento:

☐ sulla sua capacità di persuasione e sull'aiuto degli anziani

☐ sulla sua bellezza e sulla forza che le infonde il Signore

☐ sul suo fascino e sulla forza della sua ancella

Ester, la generosa determinazione

● COMPRENDERE E ANALIZZARE

1. I due personaggi maschili contrapposti e nemici, Amman e Mardocheo, che cosa rappresentano simbolicamente? Attribuisci a ciascun personaggio le caratteristiche che gli sono proprie, scegliendole opportunamente tra quelle sotto riportate.

arroganza / fedeltà / arrivismo / menzogna / onestà / rispetto / fiducia in Dio / servilismo

Amman	Mardocheo

2. Alla luce di quanto avviene in seguito, come deve essere interpretato il sogno che Mardocheo fa all'inizio della storia? ....

....

....

....

....

....

3. Con quali motivazioni i saggi inducono il re Assuero a punire la regina Vasti? ....

....

....

....

4. In quali occasioni Assuero manifesta il suo potere assoluto? ....

....

....

....

5. Quale decisione di Ester presenta i tratti dell'eroismo?

....

....

....

6. A quale risorsa fanno costantemente ricorso Ester e Mardocheo per trovare una soluzione alla drammatica situazione in cui si trova il loro popolo? ....

....

....

....

7. Quali tratti caratteriali e comportamentali ti sembra abbiano in comune Giuditta ed Ester? ....

....

....

....

....

● E PER FINIRE...

1. Attribuisci a ognuna delle quattro storie bibliche i tre elementi che la caratterizzano.

gioielli e profumi / dei ciottoli di fiume / un editto / un enigma da sciogliere / l'olio sacro / una città assediata / una folta chioma / un complotto / una scimitarra / un sogno / l'arte della musica e della poesia / il crollo di un tempio

Ester	Giuditta	Sansone	Davide

2. Quali personaggi pronunciano le seguenti parole?

«E tu dici di amarmi? Le tue sono parole vane, dette senza cuore; per tre volte ho messo alla prova la tua sincerità e per tre volte ti sei preso gioco di me. Sono amareggiata e delusa, non è questo ciò che mi aspetto da colui che amo e che dovrebbe amarmi!» ....

«Io oggi lancio una sfida ai combattenti d'Israele: sceglete un uomo che rappresenti il vostro popolo, che venga avanti e si batta contro di me. Se riuscirà a resistermi e mi abbatterà, noi saremo vostri schiavi, se a vincere sarò io, voi diventerete nostri sudditi e obbedirete a tutti i nostri voleri! Se qualcuno ne ha il coraggio, si faccia avanti e raccolga la sfida!» ....

«Voglio compiere un'impresa che rimarrà nel ricordo delle generazioni a venire: stasera uscirò dalla città con la mia ancella e vedrete che il Signore, per mezzo mio, provvederà al suo popolo entro quei giorni che voi avete indicato; ma non chiedetemi di più, perché altro non vi dirò!»

....

«Non pensare di poterti salvare! Il decreto vale per tutti i Giudei e tu sei una di noi! E poi, chissà, forse Dio ti ha reso regina proprio in previsione di una circostanza come questa, in cui il tuo ruolo si sarebbe potuto rivelare utile per il suo popolo!» ....

3. Che cosa succede in queste località?

- Betlemme ....
- Betulia ....
- Susa ....
- Timna ....

4. Se risponderai correttamente alle seguenti domande, le iniziali delle risposte formeranno il nome di un'eroina biblica. (Il nome risultante è ....)

Il nome dell'infido consigliere del re persiano

....

Il nome della più importante divinità dei Filistei

....

Il mese stabilito da Assuero per lo sterminio degli ebrei

....

Il saggio profeta che sceglie Davide come futuro re

....

L'invincibile eroe che si fa tradire per amore di una donna

....

Il popolo di cui Nabucodonosor era il re

....

L’eroe nell’antica Grecia

Nell'antica Grecia l'eroe, pur avendo caratteri mitici e legami con le divinità, era di solito presentato come un essere umano, benché dotato di straordinarie qualità; spesso però gli eroi, anche se mortali, erano semidei, in quanto figli di divinità e di uomini (come per esempio, Eracle e Perseo, figli di Zeus e di una donna) e potevano, a volte, raggiungere l'immortalità. La mortalità degli eroi nulla toglieva alla straordinarietà delle loro imprese, spesso caratterizzate da lunghi e avventurosi viaggi, da lotte contro nemici pericolosi e invincibili e da missioni fortemente simboliche, come la fondazione di nuove città, l'introduzione di leggi, l'insegnamento di tecniche di coltivazione e di lavorazione. In genere, dunque, gli eroi avevano una funzione culturale e civilizzatrice, e i luoghi in cui erano sepolti diventavano veri e propri luoghi di culto.

L'umanità dell'eroe era particolarmente evidente quando la sua figura si ispirava a personaggi – re, guerrieri, legislatori – realmente esistiti, le cui imprese eccezionali erano state non solo tramandate di generazione in generazione, ma anche trasfigurate in un alone di leggenda. Era questo, spesso, il caso dei fondatori di città, la cui eroicizzazione diveniva un modo per nobilitare l'intera comunità che a essi si richiamava.

Al di là, comunque, delle differenti tipologie eroiche proprie dell'antica Grecia, in ogni racconto leggendario non mancavano mai caratteri quali la straordinarietà e la difficoltà delle imprese affrontate e l'eccezionalità della personalità dell'eroe. E ciò determina ancor oggi il fascino delle narrazioni mitiche dell'antica Grecia.

Prometeo, un benefattore dell'umanità

Prometeo, figlio del Titano Giapeto, era cugino del re degli dèi, il grande Zeus; infatti Giapeto era fratello di Crono, il malvagio genitore di Zeus che aveva tentato di distruggere i propri figli ma era stato spodestato ed esiliato da Zeus, che al suo posto aveva assunto il governo degli dèi e degli uomini.

Pur essendo di natura divina, Prometeo amava profondamente il genere umano e non sopportava il fatto che gli uomini vivessero una vita piena di stenti, schiacciati dalla loro stessa ignoranza e dal potere degli dèi; così, per aiutare gli uomini, Prometeo attuò due inganni ai danni del grande Zeus e di tutte le divinità.

C'era da decidere quale parte degli animali sacrificati dovesse andare agli dèi e quale restare agli uomini. Ovviamente la scelta spettava alle divinità, ma Prometeo, per aiutare gli uomini, attuò il suo primo astuto stratagemma: divise un bue, appena sacrificato sull'altare, in due parti, mettendo da un lato la carne e le viscere sotto la pelle del ventre e, dall'altro lato, le ossa senza carne, ricoperte, però, da uno spesso strato di grasso bianco. La parte preferita da Zeus, d'allora in poi, sarebbe spettata agli dèi. Egli scelse senza esitazione quella ricoperta dal grasso e solo successivamente scoprì che essa celava[1] solo ossa, mentre la carne era collocata sotto la pelle.

1. *celava*: nascondeva.

In questo modo gli uomini ebbero notevoli vantaggi pratici, dato che nel sacrificare agli dèi avrebbero tenuto per sé la parte migliore e più nutriente degli animali, riservando alle divinità solo il grasso e le ossa; e per di più l'orgoglioso Zeus non avrebbe potuto lamentarsi né ritornare sulle proprie scelte perché, altrimenti, in entrambi i casi, non avrebbe fatto altro che riconoscere la propria dabbenaggine[2].

Tuttavia il padre e re degli dèi non dimenticò l'affronto e cominciò a covare rancore verso gli uomini e verso lo stesso Prometeo, che li aveva aiutati nell'ordire l'inganno. All'inizio, la sua ira si abbatté sugli esseri umani: Zeus, che presiedeva alla forza dei fulmini e delle saette, decise di non mandare più sulla terra il fuoco e gli uomini regredirono[3] allo stato più primitivo.

Senza fuoco non potevano più cuocere la carne degli animali cacciati, rendendola digeribile anche per vecchi e bambini; non avevano mezzi per scaldarsi, per illuminare le tenebre, per tenere lontane le bestie feroci e non si riunivano più, come un tempo, intorno al fuoco per parlare e raccontare storie.

Deciso a ridare il fuoco agli uomini, Prometeo non esitò ad attuare un altro inganno. Si introdusse nella fucina di Efesto, dio-fabbro del fuoco e dei lavori artigianali, situata nelle viscere del vulcano Etna e, approfittando della buona fede del dio, rubò una scintilla del preziosissimo fuoco, la donò agli uomini e insegnò loro come conservarla.

Allora Zeus si infuriò contro gli uomini, ma particolarmente contro Prometeo, considerandolo un tradito-

2. *dabbenaggine*: ingenuità, eccessiva semplicità d'animo e di mente.
3. *regredirono*: tornarono indietro.

re della stirpe divina a cui apparteneva e un ribelle che non riconosceva la sua autorità di supremo sovrano degli dèi e degli uomini.

Decise quindi di punire gli uomini, inviando loro Pandora, una creatura femminile bellissima, modellata dallo stesso Efesto e da Atena, la dea della saggezza. Di Pandora, dotata di numerose qualità, ma dal cuore maligno e abile nella menzogna, s'innamorò perdutamente Epimeteo, ingenuo fratello di Prometeo, che ne fece la sua sposa, nonostante il fratello gli avesse consigliato di non fidarsi dei doni di Zeus. Pandora segnò le sorti dell'umanità: spinta dalla curiosità, scoperchiò un vaso che non doveva essere aperto e tutti i mali del mondo in esso contenuti si riversarono sull'umanità, che conobbe così guerre, disgrazie e malattie.

Per fortuna sul fondo del vaso restò la speranza, che rese più sopportabili le sventure e donò conforto agli uomini, rischiarandone il futuro.

La punizione più terribile, tuttavia, Zeus la riservò a Prometeo, perché la ribellione di un essere divino lo irritava e preoccupava moltissimo.

«Tu mi hai sfidato» disse il potente Zeus al Titano «e tu pagherai per le azioni che hai compiuto a beneficio di esseri così miserevoli come gli uomini e a danno di coloro che condividono la tua stessa condizione divina!»

E condannò Prometeo a essere incatenato con lacci di acciaio su una rupe dei monti del Caucaso; ogni mattina un'aquila, inviata dallo stesso re degli dèi, veniva a divorare il fegato di Prometeo, che di sera ricresceva, prolungando all'infinito il terribile strazio del Titano.

Nonostante le atroci sofferenze, Prometeo non chiese mai pietà a Zeus, perché era profondamente convinto di aver agito nel modo più giusto, soccorrendo l'umanità ed evitando che la tirannica volontà del dio lasciasse l'uomo in uno stato di bisogno e di dolore.

Zeus, del resto, mai lo avrebbe liberato, sia perché era troppo irritato con lui, sia perché aveva giurato sullo Stige, uno dei fiumi infernali, che mai avrebbe slegato Prometeo dalla roccia presso cui era incatenato.

La sorte del coraggioso Titano era comunque destinata a cambiare, grazie all'intervento di uno dei numerosi figli di Zeus, il fortissimo Eracle, nato dal re degli dèi e da una donna mortale, Alcmena.

Eracle, nel portare a termine una delle sue molte imprese memorabili, attraversando terre sconosciute, giunse alla roccia a cui era incatenato Prometeo.

«Chi sei?» gli chiese, dopo aver osservato con stupita meraviglia quell'essere incatenato e straziato dal dolore.

«Sono Prometeo, colui che amò l'uomo al punto da sfidare gli dèi e che qui paga la sua generosa arroganza, la sua incosciente dedizione: non mi pento di ciò che ho fatto e, se tornassi indietro, lo rifarei!» disse, orgoglioso e deciso, il Titano. A quelle parole, Eracle ebbe un moto di solidale compassione, con una freccia trafisse l'aquila che straziava il corpo di Prometeo e lo liberò.

Zeus, cogliendo tutti di sorpresa, non si irritò, poiché era molto orgoglioso di quel suo fortissimo figlio e considerò la sua azione come un'impresa di cui vantarsi; tuttavia, per non mancare al suo giuramento, costrinse Prometeo a una piccola pena residua, a portare cioè un anello delle sue catene in cui era incastonato un pezzo della roccia a cui era stato legato.

Così Zeus «salvò la faccia» e Prometeo, Titano ribelle e benefattore dell'umanità, poté continuare, grazie anche alla sua grande saggezza, ad aiutare gli uomini.

Per saperne di più

Prometeo rappresenta un figura molto popolare di eroe, sia per alcune sue caratteristiche quali la forza, la risolutezza e il coraggio, sia per il suo generoso impegno nei confronti degli uomini, che lo rendono un po' il prototipo dell'eroe civilizzatore, cioè fonte di aiuto e soprattutto di conoscenze.
Ciò che in lui, però, ha forse più colpito l'immaginazione degli uomini di ogni epoca è la decisione di non sottostare agli ordini tirannici di chi detiene il potere, nel suo caso Zeus, anche a costo di pagare duramente per questo atteggiamento.
In seguito a questa interpretazione della sua figura, Prometeo è diventato il protagonista di numerose opere letterarie, teatrali, musicali e artistiche come l'eroe ribelle che ama la libertà. Ricordiamo, a questo proposito, le tragedie del grande autore greco Eschilo *Prometeo incatenato*, *Prometeo liberato* e *Prometeo portatore del fuoco*.
Una grande valorizzazione di Prometeo è avvenuta in epoca romantica, accompagnata dall'esaltazione del suo spirito ribelle e della sua forza di volontà.
Tra le numerose opere letterarie dedicate a questo personaggio si può ricordare *Il Prometeo liberato* del poeta inglese Percy Bisshe Shelley.

Teseo
e l'arduo cammino verso il trono

Pur essendo da molti considerato il più grande eroe ateniese, Teseo non era nato ad Atene, ma a Trezene. Suo padre Egeo, re di Atene, era stato esiliato in questa città del Peloponneso e lì aveva sposato, con un antico rito segreto e con la benedizione della grande madre Terra e del dio Poseidone, Etra, figlia del signore di quei luoghi.

In seguito era tornato ad Atene per riconquistare il suo trono, mentre Etra aveva dato alla luce un bimbo, Teseo.

Diventato grande, il ragazzo chiese notizie del padre ed Etra fece quello che le aveva ordinato Egeo prima di partire: condusse il figlio presso un enorme masso e gli chiese di sollevarlo. Teseo, facendo astutamente leva con un bastone, riuscì a sollevare il macigno sotto il quale trovò una spada e dei calzari.

«Questa» gli disse Etra «è la gloriosa spada di tuo padre Egeo, il signore della città di Atene, ed ecco i calzari che portava quando venne qui. Mi disse di rivelarti il suo nome quando fossi stato abbastanza adulto e forte da poter sollevare il masso e trovare la spada e i calzari. Ora sai la verità e puoi raggiungere tuo padre ad Atene: tu, suo primo figlio, sarai anche il suo erede!»

Abbracciata con affetto la madre, Teseo partì per Atene, dove giunse dopo un lungo e avventuroso viaggio; qui fu riconosciuto e accolto benevolmente dal padre, che fu felice di presentarlo al popolo ateniese come suo erede. Teseo si ambientò presto nella bella città attica: tutti i cittadini lo stimavano e amavano ed erano contenti che il principe ereditario fosse un giovane forte, intelligente e coraggioso.

Capitò, però, che un giorno giunsero ad Atene ambasciatori da Creta: venivano a riscuotere il pedaggio che molte città greche, sottomesse alla talassocrazia[1] cretese, dovevano ai potenti signori dell'isola. Ogni anno venivano inviati a Creta gioielli, grano e orci[2] di vino, ma ogni nove anni il pagamento del pedaggio diveniva particolarmente crudele e drammatico: Atene doveva fornire a Creta sette giovani e sette fanciulle destinati a essere divorati dal Minotauro, un mostro orribile con la testa di toro e il corpo di uomo.

Il Minotauro era il figliastro di Minosse, re di Creta, nato dall'unione innaturale tra la regina Pasifae e un toro; unione voluta da Poseidone per punire Minosse, che gli aveva mancato di rispetto. Il re di Creta non poteva disfarsi dell'orribile essere, dotato di una forza brutale, perché ciò avrebbe attirato un'ulteriore, terribile vendetta del dio del mare.

Allora Minosse aveva cercato di nascondere il mostro, facendolo richiudere nel Labirinto[3] e dandogli in pasto le vittime che le città sottomesse come Atene, a turno, dovevano inviare.

Teseo venne a conoscenza di tutto ciò dal racconto che ne fece il vecchio padre e, all'istante, decise che do-

1. *talassocrazia*: parola greca che significa «dominio sul mare».
2. *orci*: vasi di terracotta, generalmente con corpo panciuto, a due manici e a bocca ristretta, per conservare liquidi.
3. *Labirinto*: costruzione caratterizzata da un fitto e intricato sistema di corridoi; costruito dal mitico Dedalo, trova forse un riscontro storico nel tipo di architettura dei palazzi cretesi.

veva fare qualcosa: come poteva pretendere di salire degnamente sul trono di Atene, se non si mostrava capace di difendere i suoi sudditi, evitando loro una sorte tanto orribile?

Detto, fatto! Con uno stratagemma finì nel numero dei giovani che venivano sorteggiati per essere inviati a Creta, nonostante il vecchio padre Egeo si fosse opposto con tutte le sue forze. Nemmeno con le lacrime era riuscito a smuovere Teseo dal suo proposito, ma si era fatto promettere che, se fosse stato sano e salvo, avrebbe fatto issare sulla nave che lo riportava a casa delle vele bianche mentre quelle nere avrebbero indicato l'esito funesto del viaggio.

Durante la lunga traversata, Teseo pensò a mille piani per combattere il Minotauro e tornare libero e vittorioso, ma dovette mestamente concludere che l'impresa era molto rischiosa, quasi senza via di scampo. Si affidò, allora, alle mani di Poseidone e della saggia Atena, che considerava i suoi dei protettori, sicuro che lo avrebbero aiutato, e cercò di trovare parole di conforto e incoraggiamento per i suoi compagni di sventura.

Quando la nave giunse a Creta e i prigionieri furono condotti davanti a Minosse e alla famiglia reale, la figlia maggiore del re, la dolce Arianna, rimase turbata dallo sguardo fiero di Teseo e dal suo aspetto nobile e vigoroso: Pallade Atena, protettrice degli eroi astuti e coraggiosi, le aveva ispirato pensieri d'amore per il giovane e di odio per l'orribile fratellastro, che le aveva reso la vita un incubo di cui vergognarsi.

Così, durante la notte, Arianna s'incontrò segretamente con Teseo e gli rivelò chi lei fosse e quanto si sentisse sola e triste in quella famiglia, funestata dalla presenza del mostruoso Asterione (era questo il vero nome del Minotauro). In breve i due giovani si accorsero di provare una forte e reciproca attrazione e si dichiararono il loro amore.

Arianna non poteva accettare di perdere il suo giovane innamorato e veder finire così miseramente un sogno d'amore per tanti anni vagheggiato; con la complicità delle tenebre si aggirò cauta e silenziosa tra le stanze della reggia, recuperò la spada di Teseo e gliela riconsegnò insieme a un gomitolo di lana.

«Fissane un capo all'entrata del labirinto e, mentre procedi, lascialo svolgere alle tue spalle» gli disse. «A conclusione dell'impresa potrai ritrovare la via d'uscita; a nulla ti servirà uccidere il Minotauro se poi resterai prigioniero in quell'intrico di corridoi.»

«Con il tuo aiuto e la protezione di Poseidone e Atena,» le rispose grato Teseo «nulla potrà fermarmi e, quando sarò libero e vittorioso, ti porterò con me nella bella città di Atene e tu diventerai mia sposa e regina!»

L'indomani, dopo una grandiosa cerimonia di purificazione, Minosse ordinò che le giovani vittime fossero condotte nel Labirinto, dove sarebbero state abbandonate alla loro orribile sorte. Terrorizzati e irrigiditi nei movimenti, i giovani, abbracciati a piccoli gruppi, avanzavano lentamente tra corridoi, piccole stanze, atri, cortiletti. Davanti a loro Teseo, memore dei consigli di Arianna, lasciava scorrere il filo della speranza e rincuorava sé e gli altri con parole vigorose. A un certo punto il mesto, titubante corteo capì di essere ormai molto vicino alla dimora del mostro: tremendi muggiti echeggiavano sempre più distinti e un puzzo bestiale giungeva sempre più penetrante.

Sgomenti e in lacrime, i giovani rimasero immobili in presenza dell'orribile creatura, mentre Teseo con parole ferme li esortava a trovare le forze per saltare e ballare. Si fidarono della loro guida e uno dopo l'altro, vincendo il panico che li attanagliava, si lasciarono andare prima a movimenti impacciati, poi a un ballo sempre più agitato e a urla disarticolate.

Distratto e disorientato da tale animazione, il Minotauro ebbe un attimo di esitazione e si lasciò prendere da uno stato di curiosa perplessità: fu quanto bastò a Teseo per impugnare la spada e, invocati gli dèi, assalire il mostro con agile balzo e affondare la lama nel suo poderoso petto.

La belva si riebbe e capì all'improvviso quello che stava succedendo: con uno spaventoso muggito abbrancò Teseo e lo strinse in una morsa d'acciaio; ma l'eroe, con destrezza e agilità, si sottrasse alla presa del mostro per tornare alla carica con un altro preciso fendente[4].

Il Minotauro stava rantolando a terra ormai privo di forze, ricoperto di polvere e sangue, quando Teseo gli fu sopra eccitato e determinato e lo finì con un ultimo, mortale colpo di spada. Si spense anche l'ultimo affannoso respiro del mostro e Teseo, seguendo a ritroso il filo che aveva srotolato dietro di sé lungo il percorso, guidò verso l'uscita i giovani ateniesi che, ancora increduli e spaventati, lo seguivano.

Erano quasi sulla porta del Labirinto, quando sentirono il suolo tremare sotto i loro piedi: era un terremoto.

«È la mano di Poseidone, scuotitore di terra,» disse Teseo «con il suo aiuto ci assicura definitivamente la libertà!»

Minosse non avrebbe certo tardato a mettere le sue guardie sulle tracce dei fuggitivi, ma il terremoto, insie-

4. *fendente*: colpo rapido di arma da taglio.

me alla notizia della morte del Minotauro, aveva disorientato tutti, compreso il grande re cretese. Teseo seppe cogliere l'occasione favorevole: salì indisturbato insieme ai suoi compagni e ad Arianna sulla stessa nave che lo aveva condotto a Creta, e prese il mare.

Prima della partenza, la ragazza gli aveva indicato il luogo in cui vi erano i magazzini reali, così avevano potuto imbarcare una buona scorta di viveri; tuttavia, durante il viaggio, Teseo decise di fare scalo all'isola di Nasso, per rifornirsi di acqua dolce e riposarsi un po' sulla terraferma.

Quando approdarono su una spiaggia dell'isola, i giovani, consapevoli dello scampato pericolo, si abbandonarono ai canti e alle danze, felici di sentirsi ormai vicini all'amata patria, che mai avevano immaginato di poter rivedere.

Solo Teseo se ne stava in disparte, rimuginando certi strani pensieri: «Non sono più tanto sicuro di voler Arianna per moglie; quali garanzie posso avere io da colei che ha saputo tradire il padre, il fratello, la patria? Un giorno, potrebbe essere capace di tradire, allo stesso modo, me e Atene. Di una Cretese non c'è da fidarsi. È bellissima, ma mi fa paura!».

Dimentico di quanta riconoscenza doveva alla fanciulla e turbato da dubbi e incertezze, Teseo decise di liberarsi di Arianna.

Così, mentre la ragazza dormiva esausta sulla spiaggia dopo essersi scatenata nelle danze con gli altri giovani, Teseo fece segno ai compagni di seguirlo senza far rumore; in pochi istanti prepararono la nave e salparono, abbandonando sull'isola l'ignara Arianna.

Il gesto di Teseo era stato ingeneroso e crudele e fu, quindi, punito dagli dèi.

Tutto eccitato per il successo dell'impresa, che gli avrebbe assicurato grande fama e gloria, dimenticò la promessa che aveva fatto al padre Egeo prima di partire, e non diede ordine di cambiare le vele nere con quelle bianche.

Nella reggia ad Atene quei giorni di attesa erano vissuti con ansia e preoccupazione e quando un messaggero giunse a corte ad annunciare che la nave di ritorno da Creta era ormai in vista della costa ateniese, il re chiese trepidante: «Di che colore sono le vele della nave, bianche come ali di colomba o nere come la pece?».

«Nere» fu la risposta.

Allora Egeo, sconvolto dal dolore e dal rimorso per non aver saputo trattenere il figlio, impedendogli di affrontare quell'impresa impossibile, si gettò da uno scoglio nel mare che, in suo ricordo, fu chiamato Egeo.

Nel frattempo Arianna si era ritrovata a Nasso sola e disperata; invano aveva invocato il nome di Teseo, piangendo sul suo triste e crudele destino: «Perché mi hai abbandonato dopo avermi promesso eterno amore? Per te sono diventata nemica del mio popolo, ho rinnegato la mia patria e la mia famiglia. Ora sono straniera in terra straniera e nessuno si occuperà di me! Ingrato Ateniese, hai fatto di me una povera infelice!».

Ma gli dèi, come avevano punito Teseo, così ripagarono Arianna.

Mentre era in lacrime e in preda alla disperazione, vide avanzare un allegro corteo di cantanti e suonatori: era la festa di Diòniso e il dio in persona guidava i celebranti nell'isola ricca di viti e a lui consacrata. Il dio vide la fanciulla e se ne innamorò all'istante.

Arianna pensò ancora a lungo a Teseo, ma poi decise che non meritava il suo amore, e finì per ricambiare con sincerità il sentimento del dio, che la prese in moglie e le dedicò una costellazione, la corona di Arianna, che sembra raffigurare in cielo una corona nuziale.

Teseo fu a lungo turbato per la morte del padre, dovuta alla sua imperdonabile leggerezza; lo sostituì sul trono di Atene e fu un sovrano saggio e benvoluto.

Ma il suo spirito irrequieto lo portò a essere protagonista di molte altre avventure, anche se il suo nome rimase sempre legato alla sua impresa più celebre e rischiosa: l'uccisione del terribile Minotauro.

Per saperne di più

La vicenda di **Teseo** è notissima e contiene un tema presente nei miti di molti popoli, quello dell'eroe che affronta un'impresa in apparenza disperata contro un mostro terribile e riesce a vincere, contro tutte le previsioni. Teseo è, inoltre, il tipico «eroe culturale», presentato come iniziatore di molte istituzioni e tradizioni ateniesi.

Il mito di Teseo, al di là della veste leggendaria, contiene dati storici accertati; così il tributo di Atene a Creta testimonia un periodo di sottomissione della città, e probabilmente di altre zone della Grecia, ai minoici, che esercitavano un documentato dominio dei mari, mentre la vittoria di Teseo rappresenta simbolicamente la decadenza dell'isola e l'affermarsi della civiltà achea.

Altri elementi possono essere letti come trasposizioni fantastiche di alcuni caratteri tipici della civiltà minoica (nome dato alla civiltà cretese con riferimento al titolo di Minosse attribuito ai suoi re), testimoniati dai diversi reperti archeologici trovati sull'isola.

➤

Per citare alcuni esempi, la figura del **Minotauro**, con la testa di toro e il corpo di uomo, può essere stata ispirata dalla maschera cerimoniale costituita da una testa di toro dorata portata dai Minosse; inoltre la lotta con il mostruoso toro può essere ricollegata alle danze acrobatiche che giovani atleti molto agili facevano saltando sul dorso dei tori e afferrandoli per le corna. «Danze» la cui esistenza è testimoniata da pitture e decorazioni riportate sui vasi cretesi.
I palazzi di Cnosso e Festo, inoltre, presentano davvero una pianta estremamente articolata e intricata, tanto che possono aver ispirato l'idea del mitico labirinto.
La vicenda di Egeo, infine, che dà il nome al mare che bagna l'isola di Creta, è la tipica leggenda nata per spiegare le origini di un luogo.

Perseo, un eroe cortese

Si può dire che Perseo, figlio di Zeus e della mortale Danae, fosse destinato a una vita avventurosa fin da quando si trovava nel ventre materno, dato che le circostanze della sua nascita furono singolari.

Sua madre, Danae, era figlia di Acrisio, re di Argo[1]. Un oracolo aveva predetto al sovrano che suo nipote, divenuto adulto, l'avrebbe ucciso e ne avrebbe preso il posto sul trono. Acrisio, come si può facilmente immaginare, fu sconvolto dalla profezia e cercò di vanificarla, impedendo alla figlia, che pure adorava, di sposarsi e di avere bambini.

Ordinò, quindi, che ella fosse chiusa in una torre dalle porte e finestre sprangate, perché nessun uomo potesse vederla e avere contatti con lei.

Lo stratagemma funzionò con gli uomini, ma il povero Acrisio non aveva pensato all'intraprendenza degli dèi.

Zeus, infatti, era venuto a sapere che quella torre ermeticamente chiusa teneva nascosta la bella e dolce Danae e decise di conquistarla, eccitato anche dalla difficoltà dell'impresa.

Così si trasformò in pioggia dorata e penetrò nella torre attraverso ogni più piccola fessura del tetto, delle finestre, delle porte. Con grande stupore, Danae vide

1. *Argo*: città greca situata nella zona orientale del Peloponneso, non distante da Micene, Tirinto e Corinto.

formarsi sopra di sé una nuvola luminosa e si trovò coperta da una polvere d'oro, come se le stelle del cielo fossero scese su di lei.

Dopo nove mesi, ella diede alla luce uno splendido bambino dai capelli di un biondo tanto intenso da sembrare oro: era Perseo, figlio del grande Zeus.

Quando Acrisio si rese conto di quello che era accaduto, fu preso dallo sconforto: non poteva accusare la figlia di nulla, dal momento che non si era mossa dalla torre, ma non voleva nemmeno attendere che si adempisse la profezia senza far nulla per contrastarla. Decise allora di disfarsi di madre e figlio, rinchiudendoli dentro una cassa di legno con serrature di bronzo e affidandoli alle onde del mare.

Per giorni e giorni la cassa rimase in balìa dei flutti. Al suo interno Danae aveva tenuto in vita il piccolo allattandolo, ma ormai sentiva che le forze a poco a poco la stavano abbandonando e la fine si stava avvicinando. La sua morte avrebbe significato anche quella del piccolo Perseo.

La situazione sembrava disperata, quando la cassa, grazie all'aiuto di Poseidone che Zeus aveva pregato di intervenire, approdò sull'isola di Serifo[2]. Polidette, il re di quei luoghi, considerò la cassa, scampata miracolosamente alla forza del mare, un dono degli dèi e allevò Perseo come un figlio adottivo.

Crescendo, Perseo divenne un bel giovane, forte, coraggioso, intelligente (in fondo era figlio di Zeus!) e desideroso di mettersi alla prova per dimostrare a se stesso e agli altri di possedere effettivamente tutte quelle capacità che gli venivano attribuite.

2. *Serifo*: piccola isola delle Cicladi, nel mar Egeo.

Vivevano allora nell'estremo Occidente, ai limiti del mondo, tre mostri femminili che avevano serpenti al posto dei capelli, le Gorgoni. Delle tre la più terribile era Medusa, i cui capelli erano terrificanti serpenti, perché aveva il potere di trasformare in pietra chiunque la guardasse, ma era anche l'unica mortale. Perseo, su consiglio di suo padre adottivo, decise che avrebbe dimostrato tutto il suo valore affrontando e uccidendo Medusa.

Prima di partire per l'impresa, il giovane eroe chiese la protezione degli dèi e il grande padre Zeus esaudì la sua preghiera, incaricando l'astuto Ermes e la saggia Atena di assistere il giovane nel suo rischioso proposito.

Essi gli apparvero sotto spoglie umane e gli spiegarono che l'arma più pericolosa di Medusa era costituita dal suo sguardo, con il quale poteva pietrificare chiunque osasse fissarla. Come avrebbe potuto colpirla senza guardarla? Come avrebbe potuto sfuggire a quegli occhi micidiali? L'unica possibile soluzione, spiegò Atena, consisteva nell'utilizzare uno specchio, che avrebbe permesso a Perseo di vedere l'immagine del mostro senza fissarlo direttamente negli occhi incantatori.

Perseo ebbe così in consegna dalle due divinità uno specchio di lucido bronzo per non farsi pietrificare, una falce dalla lama affilatissima per decapitare Medusa, un elmo per difendersi dai colpi delle altre Gorgoni e, infine, dei calzari alati, proprio come quelli di Ermes, che gli avrebbero permesso di fuggire velocemente, sottraendosi agli attacchi delle sorelle mostruose.

Così «armato» e forte dei consigli ricevuti, partì per la sua missione.

Prima di arrivare in presenza delle Gorgoni, poté scorgere, lungo un ampio viale, un'interminabile fila di statue: erano gli uomini che, precedentemente, avevano tentato, invano, di uccidere Medusa ed erano stati trasformati in statue di pietra; davanti a tale visione, Perseo si sentì percorrere da un brivido di terrore, ma non pensò nemmeno per un istante di abbandonare l'impresa.

Come gli era stato raccomandato, camminava con grande circospezione e, quando Medusa si avventò su di lui, egli ne vide l'immagine riflessa nello specchio. Ciò vanificò[3] la pericolosità dello sguardo del mostro, che non riuscì a pietrificare Perseo e si trovò in balìa del giovane avversario. Con rapido gesto egli estrasse la falce affilatissima e assestò un colpo tanto tremendo quanto preciso: la testa dalla spaventosa chioma serpentina rotolò ai suoi piedi, staccata di netto dal tronco. Si chinò a raccoglierla e la mise in un sacco; quindi, senza perdere tempo, indossò l'elmo e si infilò i calzari alati.

Quando le altre due Gorgoni, Steno ed Euriale, sorelle di Medusa, si gettarono su di lui, egli si sottrasse ai loro artigli, protetto dal casco e reso rapidissimo dalle magiche calzature.

Le ali dei calzari gli permettevano di correre talmente veloce che gli sembrava di volare, ma ecco che, grazie a un nuovo prodigio, riuscì veramente a prendere il volo: infatti dal sacco, che conteneva la testa mozzata di Medusa, caddero delle gocce di sangue, si impastarono con la terra e dalla fanghiglia così formatasi prese vita una nuova, meravigliosa, fantastica creatura. Era Pègaso, un dolcissimo cavallo bianco, dallo sguardo intelligente e mansueto e, cosa straordinaria, dotato di un paio di grandi ali.

3. *vanificò*: rese inutile.

In groppa a Pègaso, Perseo prese il volo verso Argo, lasciando esterrefatte le due Gorgoni superstiti, che si consolarono con la nascita, sempre dal sangue di Medusa, di un altro essere, molto diverso dal buon Pègaso, Crisaore, eroe violento e nemico dell'umanità.

Ma le avventure per l'eroe non erano ancora finite.

Mentre in volo stava superando una costa alta e rocciosa, gli capitò di scorgere, legata a uno scoglio, una bellissima fanciulla tutta tremante. Perseo le planò vicino e le chiese chi fosse e per quale ragione si trovasse in quella insolita condizione.

«Mi chiamo Andromeda» rispose «e sono figlia di Cefeo, il re degli Etiopi. Mia madre Cassiopea, in un eccesso di presunzione, si vantò di essere più bella delle Nereidi e le ninfe, contrariate, chiesero a Poseidone di vendicare l'offesa. Il dio inviò un enorme rettile marino a tormentare la nostra terra. L'oracolo, consultato per trovare una via d'uscita alla disastrosa situazione, sentenziò che solo sacrificando la figlia del re il mostro si sarebbe placato e il dio sarebbe stato ripagato per il torto subito. Ecco perché mi trovo qui, abbandonata da tutti, senza alcuna speranza, destinata a una morte certa e orribile. Da quelle onde tra poco uscirà l'orrendo mostro a cui sono immolata e mi trascinerà con sé negli abissi! La tua presenza mi è di grande conforto e la compassione di un dio mi aiuterà ad affrontare questo terribile momento, perché tu sei certamente un essere divino: me lo indicano la tua bellezza e la tua forza, i tuoi strani calzari e questo meraviglioso cavallo volante, che sembra guardarmi con pietosa commozione.»

«Non sono un dio» rispose sincero Perseo «e non è solo compassione quella che tu leggi nei miei occhi. Non posso permettere che tu, vittima innocente, muoia; ho vinto Medusa, vincerò anche questo mostro e... che gli dèi mi siano vicini come...»

Le sue parole vennero coperte da un fragore insolito, il mare sembrò ribollire e dalle onde gigantesche emerse una testa orribile, seguita da un corpo mostruoso: un enorme rettile verdastro e squamoso uscì dalle acque e scivolò rivoltante verso la vittima designata.

Ma aveva fatto i conti senza Perseo.

L'eroe estrasse, fulmineo, la falce affilatissima e si avventò sul mostro, che, sorpreso, cominciò a dimenarsi, tentando di colpire l'assalitore con l'enorme coda. Perseo, protetto dall'elmo e muovendosi agilmente grazie ai calzari alati, sventò ogni attacco e colse l'occasione propizia per staccare di netto la testa del rettile con un preciso fendente.

Anche questa creatura orribile fu vinta e la dolce Andromeda andò sposa all'eroe che l'aveva salvata dal suo triste destino di vittima innocente. Dopo la cerimonia i due giovani, con l'animo ricolmo di gioia e di amore, volarono sulle ali del buon Pègaso verso la città di Argo, perché Perseo intendeva conoscere suo nonno e la sua vera patria.

Il re non era in città; si era recato a Larissa per assistere ai giochi funebri indetti per onorare la morte del vecchio padre del sovrano di quei luoghi. Perseo decise di andarvi anche lui e, quando fu lì, volle partecipare alla gara di lancio del disco.

Un suo lancio maldestro prese una strana traiettoria e, del tutto casualmente, andò a colpire un anziano signore, dal portamento dignitoso e riccamente vestito, seduto tra il pubblico: a nulla valsero i tentativi di soccorso, il vecchio morì poco dopo per le conseguenze del colpo ricevuto. L'ignara vittima altri non era che Acrisio, re di Argo e nonno di Perseo: si era così avverata la profezia a cui l'anziano re aveva tentato invano di sfuggire.

Quando Perseo seppe da un sacerdote e indovino tutta la verità sull'oracolo che lo riguardava e che la madre gli aveva tenuto nascosto, non seppe darsi pace e pianse calde lacrime, perché era un eroe valoroso ma non per questo insensibile.

Proprio per questa sua sensibilità, dopo aver dato degna sepoltura al nonno, preferì non regnare ad Argo, com'era nel suo diritto di erede al trono, ma, scambiato il regno con un cugino, divenne sovrano di Tirinto dove, affiancato dalla dolce Andromeda, governò il popolo con saggezza e clemenza.

A ringraziamento dell'aiuto ricevuto dagli dèi, Perseo non mancò di esaudire una particolare richiesta fattagli da Pallade Atena: la dea gli aveva chiesto la testa di Medusa e, quando la ottenne, la pose come effigie sul suo scudo, divenendo in tal modo ancor più temibile in battaglia e rendendo immortale il ricordo della gloriosa impresa di Perseo.

Per saperne di più

Il mito di **Perseo** presenta nella sua prima parte due motivi tipici dei miti greci: una profezia inquietante cui si tenta di sfuggire e la metamorfosi cui ricorre Zeus per amore di una mortale; qui la metamorfosi appare più singolare e anche più ingegnosa, poiché l'ostacolo sembra insormontabile.
La profezia, nonostante tutti i tentativi messi in atto per evitarla, si realizza puntualmente in modi e in circostanze imprevisti e con l'involontaria partecipazione dei protagonisti.
La realizzazione delle predizioni è un motivo presente anche nelle tragedie greche, in quella di Edipo per esempio, e sottolinea l'importanza del Fato, cioè del destino, davanti a cui anche gli dèi erano costretti a inchinarsi.
La figura di Perseo, eroe positivo che affronta il male e difende i deboli, sembra quasi anticipare la figura del cavaliere medievale «senza macchia e senza paura», cioè senza peccato e dotato di grande coraggio. In effetti, anche il mostruoso rettile marino del mito avrà i suoi eredi nei draghi che i cavalieri medievali dovranno affrontare e uccidere per salvare le damigelle in pericolo.
Una figura molto simile a Perseo è presente anche nella devozione cristiana. Si tratta di San Giorgio: anch'egli uccide un drago (che in epoca cristiana poteva rappresentare Satana), salvando una fanciulla destinata a morire.
Bellissima è la figura di **Pègaso**, il bianco cavallo alato, mite e buono, che rappresenta il bene e ha i suoi eredi nei tanti animali magici che popolano le nostre fiabe aiutando l'eroe in difficoltà. Nel Medioevo proprio un cavallo particolare, il candido *unicorno,* dotato appunto di un unico corno, diventerà il simbolo di tutto ciò che è buono e puro.

Eracle, la fatica di essere eroe

Anfitrione, uno dei sovrani che regnarono sulla città di Tebe, fu al centro di una vicenda molto curiosa.

Il grande Zeus, che non sapeva resistere al fascino femminile, fu preso un giorno da irrefrenabile passione per Alcmena, moglie di Anfitrione.

Il dio, nonostante la stretta sorveglianza della gelosa Era, approfittando di un'assenza dello stesso Anfitrione, partito per una guerra, riuscì ad avvicinare la donna, presentandosi sotto le sembianze del marito. Zeus riuscì a ingannare perfettamente sia i servi di palazzo sia la stessa regina, donna virtuosa e onesta che mai avrebbe tradito il proprio sposo; per la verità, ad Alcmena sembrava che il marito fosse circonfuso da una luce particolare, da un'aura che trasfigurava i suoi lineamenti, ma… il naso, gli occhi, la bocca, il corpo, il tono della voce erano proprio quelli di Anfitrione; ella, quindi, si tranquillizzò e non sospettò minimamente di essere vittima di un inganno.

Solo quando il vero marito tornò in patria dalla guerra, Alcmena capì ciò che era successo e lo comprese anche Anfitrione che, però, non si adirò. Si ritenne anzi onorato dal fatto che Zeus avesse scelto la sua sposa, alla quale peraltro non aveva nulla da rimproverare, essendo stata ingannata dall'astuzia del re degli dèi.

Dall'unione tra Zeus e la mortale Alcmena nacque un bambino bello e soprattutto robustissimo. Il neonato dovette far ricorso alla forza eccezionale di cui era dotato fin dai primi momenti della sua vita.

Era, come al solito gelosa dei figli che Zeus aveva con altre donne o dee, inviò al piccolo Eracle, addormentato placidamente nella sua comoda culla, due serpi che avrebbero dovuto attorcigliarsi intorno al collo del neonato e soffocarlo. Il piccolo, invece, si svegliò, afferrò i serpenti con le sue manine, ancora piccole ma già forti, e li strinse fino a far schizzare le loro pupille fuori dalle orbite.

Anfitrione e Alcmena fecero in modo che Eracle, mentre cresceva, avesse la migliore educazione possibile: fu istruito dal centauro Chirone, maestro di molti altri eroi, dal poeta e cantore Lino e da Castore nella lotta. Tuttavia, egli non era un figlio o un allievo facile da sopportare. Pur essendo di natura generosa e di modi semplici, cadeva spesso in preda all'ira e in questi casi perdeva davvero il lume della ragione ed era capace di azioni terribili, perché la sua enorme forza esplodeva in modo incontrollato.

Divenuto adulto, un giorno impazzì veramente. A offuscargli la mente fu la divina Era, che non aveva rinunciato a perseguitarlo e, dopo l'episodio dei serpenti nella culla, lo detestava ancor di più.

Senza il controllo della ragione, la forza dei suoi poderosi muscoli divenne violenza selvaggia: sradicò alberi, distrusse case, uccise intere greggi e, quando la sua sposa, la dolce Megara, gli andò incontro con i suoi figlioletti per cercare di calmarlo, in preda al furore li massacrò senza nemmeno riconoscerli.

A quel punto la crudele Era gli restituì la ragione, perché si rendesse conto di quello che aveva compiuto e si macerasse nella sofferenza. Così, se prima era stato travolto dall'ira e dalla pazzia, ora Eracle fu sommerso da un profondo dolore e da un infinito rimorso per quello che aveva fatto.

Disperato, egli si recò a consultare l'oracolo di Delfi e il responso della Pizia, la sacerdotessa di Apollo, fu sorprendente.

Ella sentenziò: «Per espiare le terribili nefandezze che hai commesso non basta il rimorso che già hai dimostrato; ti sarà richiesta una grande prova di umiltà e pazienza: per dodici anni dovrai servire Euristeo, re di Micene e Tirinto, eseguendo tutto ciò che ti ordinerà. Euristeo è un uomo debole e privo di qualità, ma tu dovrai obbedirgli senza esitare e discutere: solo così potrai espiare la tua colpa e, se avrai superato tutte le prove a cui ti sottoporrà e avrai sopportato con pazienza anche la sua prepotenza, per volere di Zeus tuo padre, potrai anche essere ammesso tra gli dèi!».

Iniziò così per Eracle un lungo periodo di sottomissione ai voleri del re di Tirinto e Micene, che era un uomo completamente diverso dal figlio di Zeus: tanto Eracle era alto e forte, tanto Euristeo era piccolo e mingherlino; tanto l'eroe era aperto e sincero, tanto l'altro era subdolo e meschino. Comunque, volente o nolente, l'eroe avrebbe dovuto obbedire all'oracolo se voleva che il suo rimorso si attenuasse e gli permettesse di vivere una vita serena.

Euristeo approfittò della situazione per chiedere a Eracle tutto ciò che gli conveniva o semplicemente gli passava per la testa. Dodici furono le prove o fatiche a cui l'eroe dovette sottoporsi; alcune di esse comportarono grossi rischi e richiesero enorme sforzo fisico e indomito coraggio, altre furono umilianti o strane, ma tutte furono superate con successo dal grande Eracle.

Affrontare e uccidere il terribile e invulnerabile leone di Nemea[1] fu la prima fatica che Eracle dovette affrontare: afferrò la belva per il collo con una presa d'acciaio, la soffocò e le tolse la pelle, che da quel momento indossò abitualmente come proprio mantello.

Successivamente l'eroe affrontò e uccise, utilizzando il fuoco, un terribile mostro serpentiforme a sette teste, l'idra di Lerna, che nell'Argolide seminava la morte con il suo respiro velenoso. Quindi si diede alla caccia di un feroce cinghiale che seminava distruzione sulle pendici dell'Erimanto[2], in Arcadia. Catturò, poi, la leggendaria cerva di Cerinea[3], che aveva corna d'oro e zoccoli di bronzo e correva tanto velocemente che costrinse Eracle a inseguirla per un anno intero.

Nella quinta fatica l'eroe dovette scacciare i mostruosi uccelli delle paludi del lago Stinfalo, che con artigli e ali di bronzo devastavano i campi coltivati e si nutrivano di carne umana.

La prova successiva fu davvero singolare: Eracle, infatti, non dovette affrontare mostri o animali feroci bensí ripulire delle stalle. Erano le stalle di Augia, sovrano dell'Elide, regione del Peloponneso occidentale, il quale possedeva greggi e mandrie così numerosi che gli stallieri non riuscivano a tenere puliti dallo sterco i ricoveri di migliaia e migliaia di buoi e pecore.

L'odore che emanavano era così intenso e sgradevole che tutta la regione ne era stata infettata e sembrava essere diventata un'unica, gigantesca, puzzolente stalla! Eracle capì che era inutile utilizzare scope e secchi

1. *Nemea*: regione della valle dell'Argolide, nella Grecia meridionale.
2. *Erimanto*: monte della regione greca dell'Arcadia.
3. *Cerinea*: monte del Peloponneso, tra le regioni dell'Arcadia e dell'Acaia.

d'acqua: occorreva un intervento molto più radicale. Così, dopo aver messo in salvo gli animali, portati a spalle sulle vicine colline, Eracle deviò il corso di due fiumi, l'Alfeo e il Peneo, che con le loro acque impetuose spazzarono via il letame, ripulirono le stalle e dissolsero il fetore.

Poi venne inviato a Creta alla cattura del possente e prodigioso toro che sprigionava fuoco dalle narici e terrorizzava gli abitanti di quell'isola.

Fu quindi la volta delle giumente di Diomede, cavalle che il crudele e pazzo re della Tracia nutriva di carne umana. Eracle, dopo aver ucciso gli staffieri[4] e ferito mortalmente Diomede, dette il cadavere del re in pasto alle giumente, che sazie lo seguirono docilmente fino in Argolide.

Per l'infaticabile eroe non c'era un momento di tregua: di ritorno dalla Tracia dovette avventurarsi nelle selvagge plaghe[5] della Scizia, dove vivevano le Amazzoni, fiere donne che disprezzavano i maschi e pensavano solo a combattere. Per soddisfare un capriccio della figlia Admeta, Euristeo aveva ordinato all'eroe di portargli il cinto di Ippolita, la regina delle Amazzoni, che ella aveva avuto in dono da Ares, dio della guerra e loro protettore.

Catturato e portato alla presenza di Ippolita, Eracle riuscì con il suo vigoroso aspetto e la sua fierezza a turbare a tal punto la regina che questa ben presto se ne innamorò e si dimostrò subito disposta a consegnargli la cintura.

4. *staffieri*: servi cui era affidato il compito di reggere uno dei due arnesi di metallo appesi ai lati della sella del signore e di seguirlo camminando a lato del cavallo.

5. *plaghe*: regioni, zone.

Per ostacolare l'eroe, l'ostinata Era prese le sembianze di un'Amazzone e sobillò[6] le donne contro Eracle; così, anche questa volta, egli dovette sostenere una dura lotta per portare a termine la logorante impresa.

L'incontentabile Euristeo, che amava farsi bello con le imprese di Eracle, come se fosse stato lui a realizzarle, gli ordinò di catturare i giganteschi buoi di Gerione, re di Erizia, isola delle Baleari. Per impossessarsene, l'eroe dovette affrontare e uccidere lo stesso re, un essere portentoso con tre corpi. Durante il viaggio compiuto per arrivare da Gerione, Eracle giunse nel punto in cui Europa e Africa, divise solo da uno stretto braccio di mare, quasi si toccano; lì pose due colonne[7] una sulla riva europea e una su quella africana, per indicare il limite che i naviganti non dovevano oltrepassare, perché avrebbe significato procedere verso un ignoto oscuro e pericoloso.

Le ultime due imprese dell'eroe furono la cattura di Cerbero e la conquista dei pomi d'oro.

Cerbero era il terribile cane a tre teste posto a guardia degli Inferi e la sua cattura costituì, forse, l'impresa più difficoltosa per Eracle. Sembrò, oltretutto, uno sforzo inutile perché Eracle aveva solo il compito di portare la belva in superficie, dimostrando di averla domata, senza ucciderla; alla vista del mostruoso cane, Euristeo si spaventò a tal punto che costrinse Eracle a restituirlo al suo ruolo di guardiano infernale.

I pomi d'oro erano prodotti da un albero coltivato nel giardino delle Esperidi, le tre ninfe Egle, Esperaretusa ed Erizia, figlie della Notte e di Oceano. Per arri-

6. *sobillò*: spinse alla ribellione.
7. *due colonne*: sono le celebri *Colonne d'Ercole*, che segnavano nell'antichità il limite del mondo conosciuto. Il luogo geografico in cui furono collocate le colonne corrisponde all'attuale stretto di Gibilterra.

vare al meraviglioso giardino delle Esperidi, che si trovava in un'isola all'estremità occidentale del mondo, Eracle dovette compiere un lungo viaggio, durante il quale si imbatté in Prometeo incatenato, lo liberò e ne ricevette saggi consigli sul modo di impadronirsi dei preziosi frutti.

Ucciso il feroce drago che custodiva i pomi, Eracle convinse Atlante, lì condannato a sostenere in eterno il mondo sulle spalle, a raccogliere lui i pomi dorati; nel frattempo lo avrebbe sostituito nel reggere il mondo. Quando Atlante ritornò con i pomi dorati e si rifiutò di riprendere il mondo sulle spalle, Eracle con l'inganno fuggì, portando via le preziose mele e lasciando Atlante a subire la sua condanna.

Conclusi i dodici anni di sudditanza nei confronti di Euristeo e portate a termine gloriosamente tutte le fatiche che gli erano state richieste, Eracle si liberò delle proprie colpe e riuscì a trovare la pace interiore. S'innamorò nuovamente e prese in moglie la bella Deianira.

Purtroppo, però, l'eroe non era destinato alla felicità e gli eventi congiurarono ancora una volta contro di lui. Per errore uccise infatti un parente di Deianira e dovette partire in esilio con la sua sposa. Durante il viaggio giunse a un fiume dove il centauro Nesso traghettava i viandanti da una sponda all'altra. Presa Deianira sulle spalle, il centauro, obbedendo alla sua natura ferina[8], cercò di violentarla. Subito Eracle lo trafisse con una delle sue frecce avvelenate.

Colpito a morte, Nesso, per vendicarsi, convinse Deianira a raccogliere il suo sangue, facendole credere che, versato su un indumento del marito, avrebbe sorti-

8. *ferina*: selvaggia, animalesca.

to l'effetto di un filtro magico, nel caso egli si fosse innamorato di un'altra donna.

A Deianira non mancò l'occasione per verificarne l'efficacia. Accecata dalla gelosia per Iole, una fanciulla molto giovane di cui Eracle era innamorato, si ricordò delle parole del centauro morente e fece indossare a Eracle una veste cosparsa del sangue di Nesso. Non appena Eracle la indossò, quel sangue maledetto impregnò di veleno il corpo dell'eroe che, straziato da dolori insopportabili, per porre fine alle sue terribili sofferenze, si lasciò morire tra le fiamme di un rogo.

La storia di Eracle non poteva, però, concludersi così; troppo grande era stato il suo eroismo per finire dimenticato nel fuoco di una pira ardente. Per volere del padre Zeus, tra fulmini e saette una nube di fumo trasportò l'eroe sull'Olimpo e gli dèi lo accolsero con amore e benevolenza.

Si avverò così anche l'ultima parte dell'oracolo di Delfi e, dopo tante fatiche gloriose e tanti dolori, per Eracle vi fu la gloria di una vita eterna nelle beate dimore degli immortali.

Per saperne di più

Eracle, noto nel mondo romano con il nome di **Ercole**, rappresenta l'eroe per eccellenza, perché riassume in sé tutte le caratteristiche tipiche delle figure eroiche: la nascita semidivina, la forza prodigiosa, dimostrata fin dalla nascita, l'espiazione di una colpa, la messa in atto di imprese eccezionali, la morte violenta e, infine, la conquista dell'immortalità.

➤

Alcuni filosofi considerarono Eracle, popolarissimo nel mondo antico, esempio e simbolo di virtù, ma fu soprattutto il teatro a portare in scena le sue vicende, che si prestavano a essere rappresentate sia nel genere tragico che in quello comico. Così Eracle divenne, di volta in volta, l'eroe perfetto, forte, buono e coraggioso travolto da un tragico destino oppure il personaggio comico, esageratamente eccessivo nella sua ira e nella sua stessa forza.
Il mito delle **Amazzoni** costituisce un esempio evidente di società matriarcale greca (in cui il potere politico e sociale è affidato alle donne), precedente all'arrivo nel Peloponneso degli Achei, popolazione indoeuropea la cui struttura sociale e religiosa fu invece di tipo patriarcale. Forse il mito fu anche ispirato dagli scontri tra i Greci e gli Sciti, una popolazione del mar Nero i cui guerrieri erano caratterizzati dai lunghi capelli e dalla barba rasata.
Le Amazzoni sarebbero state abilissime nel cavalcare e soprattutto nel guerreggiare, rifiutando ogni attività femminile. Per riprodursi, esse si univano in matrimoni temporanei con uomini di tribù vicine, ma allevavano solo i neonati di sesso femminile, mentre uccidevano o lasciavano al padre i figli maschi.
Per poter tirare agevolmente con l'arco, si tagliavano o si bruciavano la mammella destra; da qui il loro nome, che significa «senza mammella».
Una curiosità: quando i primi esploratori europei incontrarono gli indigeni dell'America del Sud nelle zone dell'attuale foresta amazzonica, vedendo i loro capelli lunghi e i loro visi senza peluria, pensarono di trovarsi di fronte alle mitiche Amazzoni: di qui il nome del grande fiume «Rio delle Amazzoni».
Un altro particolare curioso riguarda il nome del padre adottivo di Eracle, il re **Anfitrione**, termine che passò a indicare chi accoglie i propri ospiti con generosità, mettendo loro a disposizione tutto ciò che possiede.

Giasone
e la conquista del vello d'oro

Giasone era ancora un bambino piccolo, quando suo zio, il crudele e disonesto Pelia, aveva cacciato dalla reggia di Iolco il fratello Esone, padre di Giasone, usurpandone il trono. Pelia, però, non era tranquillo, perché incombeva su di lui una triste predizione secondo la quale sarebbe stato spodestato da un giovane «calzato a un solo piede».

Nel lasciare la patria, Esone, temendo per la sorte del figlio, lo aveva affidato al saggio centauro Chirone affinché lo allevasse tra i boscosi dirupi del monte Pelio. Il giovane ricevette un'ottima educazione e crebbe bello, intelligente e forte.

Divenuto adulto, Giasone decise temerario di ritornare a Iolco per reclamare il trono che gli spettava di diritto.

Mentre attraversava un fiume trasportando una vecchierella, che altri non era che la dea Era, perse uno dei sandali.

Quando si presentò di fronte al re con un solo sandalo, Pelia, memore della profezia, capì che era giunta la sua ora e, terrorizzato, si dimostrò molto conciliante nei confronti di Giasone e apparentemente disposto a concedergli il trono.

«Buon giovane,» gli disse «se il trono ti spetta di diritto, lo avrai, ma una profezia dice che il legittimo pretendente dovrà avere con sé il vello d'oro; portami questo segno e ti riconoscerò come re.»

«Tu avrai il vello d'oro e io il mio trono!» gli rispose impulsivamente Giasone, senza neppure preoccuparsi di verificare l'onestà dello zio e della sua richiesta.

Il vello d'oro era il mantello dorato di un possente ariete consacrato ad Ares e che, in seguito a vicende avventurose che avevano coinvolto gli antenati di Giasone, era finito nella selvaggia Colchide, una regione sulle coste del mar Nero.

Pelia stava macchinando un subdolo[1] inganno, e aveva proposto a Giasone un'impresa rischiosissima che l'avrebbe tenuto per lungo tempo lontano da Iolco.

Il giovane, pur sapendo che la terra in cui si trovava il vello era lontanissima, non si scoraggiò e sotto la protezione della dea Atena fece costruire da un esperto carpentiere la prima grande nave con cinquanta remi: cosa mai vista nei cantieri greci!

Chiamò come compagni di viaggio i più valorosi eroi della Grecia, che risposero in massa all'appello, attratti dall'idea di partecipare alla prima, vera, grande spedizione navale organizzata nella loro terra.

Sulla nave che fu chiamata *Argo*, come il suo costruttore, si imbarcarono tra gli altri il forte Eracle; i Dioscuri Castore e Polluce, figli gemelli di Leda e Zeus; l'eroe ateniese Teseo, vincitore del Minotauro, con l'amico Piritoo; Peleo, futuro padre dell'invincibile Achille; Meleagro, re dell'Etolia; Telamone, padre del forte Aiace; Orfeo, cantore sublime che con la sua musica sapeva incantare non solo gli uomini, ma gli animali e perfino le dure rocce. Gli eroi imbarcati erano cinquantacinque: il «capo» della spedizione era Giasone e il timoniere era Tifi.

1. *subdolo*: astutamente falso.

La traversata degli *Argonauti*, come furono chiamati i navigatori della *Argo*, fu ricca di avventure: essi lottarono con popolazioni selvagge, affrontarono mostri, uccisero giganti e ognuno dei cinquantacinque eroi si fece onore, conquistando gloria e fama. Alla fine giunsero nella selvaggia Colchide, dove l'impresa finale attendeva Giasone.

Eete, il re che custodiva il vello d'oro, era ben deciso a non lasciarsene privare tanto facilmente, tuttavia si dichiarò disponibile a cedere il prezioso mantello, se il giovane avesse superato con successo tre terribili prove.

«Per dimostrare di essere degno di riavere il sacro mantello dell'ariete» disse il re Eete «dovrai, innanzitutto, uccidere il drago che custodisce il vello; dovrai strappargli i denti e metterli in questa sacca; quindi dovrai cercare di aggiogare i miei due tori di bronzo che spirano fiamme dalle narici: quando ci sarai riuscito, traccerai un solco nella terra e vi getterai i denti del drago, come fossero semi. In breve, dalle zolle "seminate" nasceranno giganteschi guerrieri armati. Tu dovrai combatterli e vincerli: questa sarà la terza prova. Solo quando avrai compiuto tutto questo, avrai diritto ad avere il vello.»

Giasone era molto preoccupato di dover affrontare prove quasi impossibili.

Tuttavia, un aiuto inaspettato gli giunse dal suo bell'aspetto: infatti la figlia di Eete, la bella Medea, lo vide e fu affascinata dalle sue forme. Ella non era solo una principessa, ma anche una sacerdotessa della grande dea Terra e aveva perciò accesso ai riti più oscuri e segreti; era, in altre parole, una potente maga, che conosceva incantesimi di tutti i generi. Innamoratasi di Giasone, decise di aiutarlo, anche se questo significava agire contro gli interessi del padre.

Suggerì dunque all'eroe un incantesimo per ammansire e indebolire il drago e gli fornì un unguento che, applicato sulla pelle, l'avrebbe resa insensibile alle fiamme.

Così Giasone, unendo forza ad astuzia, riuscì a uccidere il drago e, mentre aggiogava i buoi spiranti fiamme, non fu ustionato. Inoltre, quando dai denti del drago nacquero i terribili guerrieri di cui aveva parlato Eete, lanciò contro di loro una pietra così come gli aveva spiegato Medea; essi, ancora ignari della realtà, la scambiarono per un prezioso trofeo e vi si gettarono sopra per impadronirsene, dando vita a una mischia tremenda e picchiandosi duramente tra di loro, proprio come la principessa-maga aveva previsto.

Stremati dall'inutile lotta, caddero sfiniti a terra; allora Giasone estrasse la spada e li decapitò a uno a uno. Poi andò alla reggia e gettò le loro teste ai piedi del trono di Eete.

Questi non poté mancare alla parola data e consegnò a Giasone il vello d'oro; inoltre dovette fare buon viso a cattiva sorte e celebrò l'impresa dell'eroe organizzando un grandioso banchetto.

Mentre ancora la maggior parte dei cortigiani era immersa nell'atmosfera della festa, Giasone si accostò a Medea e le rivolse queste parole: «Onorata principessa e gran sacerdotessa della Madre Terra, prima che sorga l'alba io partirò con i miei compagni. Temo, infatti, che tuo padre stia tramando per sottrarmi il vello che ho appena conquistato e uccidermi; ne parlo con te perché mi sei stata amica e in ogni difficoltà mi hai generosamente aiutato, ma soprattutto perché ti amo. Sì, grande Medea, ti amo con tutta l'anima e ti chiedo di seguirmi nella bella terra di Grecia: a Iolco mi attende un trono, che dividerò con te».

A tali parole Medea si sentì lusingata, ma il suo animo inquieto le pose dei terribili interrogativi: doveva lasciare la sua terra, la sua famiglia, la posizione onorata che aveva in Colchide, per seguire quel Greco dai capelli biondi e dagli occhi chiari, per andare verso un futuro ignoto, verso una terra in cui sarebbe stata straniera, o doveva restare e rinunciare all'amore in cambio delle certezze della sua posizione?

L'angoscioso dubbio fu presto sciolto: Medea scelse l'amore, lasciò la reggia e la patria per Giasone. Prima di partire, però, non dimenticò di invocare la Madre Terra e di prendere con sé filtri, veleni e pozioni che aveva lei stessa preparato e che avrebbero potuto esserle utili nella sua nuova vita.

Così, in modo furtivo, la nave *Argo* salpò, portando via la principessa che aveva con sé anche il fratello minore, il giovane principe Apsirto, il quale, avendola scoperta mentre se ne andava dalla reggia, l'aveva seguita, desideroso di avventure e sicuro che, viaggiando con tutti quegli eroi, avrebbe conquistato la gloria.

Dopo qualche tempo gli Argonauti scorsero un'imbarcazione, proveniente dalla Colchide, che li seguiva: il re si era accorto della fuga di Medea e ora la faceva inseguire. Avrebbe utilizzato il presunto «rapimento» della principessa come scusa per riprendersi il vello.

La nave si avvicinava sempre di più e Medea, al fine di ritardare lo scontro, compì un'azione terribile: uccise il suo stesso fratello e ne gettò in mare il corpo, fatto a pezzi. Il comandante della nave proveniente dalla Colchide, riconoscendo con orrore i miseri resti, bloccò l'inseguimento, per cercare di raccogliere le membra del povero principe e ricomporne il corpo. Così *Argo* riuscì a distanziare gli inseguitori e a mettersi in salvo.

Questa fu la versione dei marinai e di Eete, perché Giasone e Medea sostennero invece che l'infelice Apsirto era morto senza alcuna loro colpa e il cadavere, come si usa durante un lungo viaggio marittimo, era stato gettato nelle acque tra le lacrime dell'addolorata sorella.

Comunque fossero andate le cose, *Argo* continuò il suo viaggio di ritorno tra mille avventure, approdando felicemente in Grecia.

I numerosi eroi partecipanti alla spedizione furono accolti trionfalmente nelle rispettive città e Giasone tornò con il meraviglioso vello d'oro a Iolco, reclamando il trono.

Giasone non ebbe, però, un avvenire tranquillo! Fu sì acclamato per la gloriosa impresa compiuta ma, dopo che Medea ebbe causato con la magia e l'inganno la morte di Pelia, fu cacciato da Iolco e si rifugiò nella ricca città di Corinto, dove fu ben accolto dal re Creonte e dalla popolazione grazie alla sua fama di grande eroe.

Proprio a Corinto si concluse tragicamente la contrastata storia di Giasone e Medea. Infatti Creusa, la bella e giovane figlia del re, si innamorò di Giasone; l'eroe, desideroso di ereditare, con l'amore della fanciulla, il trono di Corinto, fu ben lieto di diventarne lo sposo, abbandonando al suo triste destino l'infelice Medea, da cui aveva avuto due figli.

Non aveva fatto i conti, però, con la complessa personalità e con il magico potere della donna.

Medea finse di accettare la sua sorte di donna abbandonata ma, utilizzando gli incantesimi e i filtri che aveva portato con sé dalla patria, cosparse di una sostanza mortale un manto e una corona che inviò in regalo alla promessa sposa di Giasone; quando la fanciulla li indossò, venne ridotta in cenere dalla terribile magia che gli oggetti portavano con sé.

Ma Medea non fu soddisfatta di ciò che aveva ottenuto: la vendetta contro Giasone doveva essere ancora più atroce. E tramò contro i suoi stessi figli, che pure amava teneramente, arrivando a ucciderli, pur di colpire Giasone nei suoi affetti di padre.

L'azione di Medea fu tanto terribile e innaturale da lasciare tutti sgomenti.

Il suo insensato comportamento non poteva essere giustificato con le crudeltà e le ingiustizie subite da parte di Giasone e l'incredibile ferocia a cui si era abbandonata fece rabbrividire ogni uomo e donna della Grecia.

Portata a compimento la sua orribile vendetta, che rese Giasone pazzo di dolore, sparì di scena e alcuni raccontarono di averla vista volar via su un carro trainato da draghi dalle bocche infuocate.

Per saperne di più

La vicenda degli **Argonauti**, di **Giasone** e del **vello d'oro** fu uno dei miti più popolari e amati dell'antica Grecia. Fra tutte le versioni in cui fu cantata, quella più famosa e più nota è costituita dal vasto poema di Apollonio Rodio *Le Argonautiche*, scritto in epoca ellenistica (cioè nel periodo storico seguito alle conquiste di Alessandro Magno).
In effetti, la storia di Giasone possiede tutti gli «ingredienti» per affascinare: l'eroe che deve superare difficili prove, l'amore per una principessa, la presenza di avversari mostruosi e terribili e, alla fine, la conquista del premio, di un «trofeo» vero e proprio. Inoltre alcuni elementi sono stati arricchiti in modo particolare: così il viaggio che l'eroe compie (l'abbiamo visto anche nei casi di Teseo, Perseo ed Eracle) diviene una vera traversata in compagnia di decine di altri celebri eroi e le prove di Giasone risaltano sullo sfondo delle imprese realizzate da questi personaggi, protagonisti, a loro volta, di altre note leggende.

La vicenda dell'amore tra Giasone e **Medea** ha anche ispirato molti scrittori; in particolare è nota la tragedia *Medea* del grande autore tragico Euripide.
Nel mito, mentre la figura di Giasone non brilla per generosità e sincerità d'intenti, Medea risulta essere addirittura una figura molto fosca: la donna tradisce il padre e la patria, fa a pezzi il fratello, uccide la rivale in amore e, episodio terribile e agghiacciante, ammazza i suoi stessi figli per punire il marito traditore.
Questa crudeltà ci può stupire, ma bisogna tener conto che, nel mito, Medea rappresenta la donna straniera, proveniente da una terra misteriosa e selvaggia, quindi riassume in sé tutti i caratteri di ciò che i Greci temevano: è una maga, è sfrenata ed è crudele.
I Greci si sentivano superiori a chi era diverso da loro, ma ne avevano anche paura, e questi sentimenti sono ben riassunti nella figura tragica e torbida di Medea, più maga che principessa, più vendicatrice che donna innamorata.

Atalanta, una donna forte come un uomo

Nel palazzo reale di Orcomeno[1], la sposa del re Iaso, la dolce Climene, diede alla luce una bellissima bambina; nessuno, però, gioì per questa nascita, perché il sovrano desiderava a tutti i costi un figlio maschio e così, nonostante le lacrime e le suppliche della moglie, Iaso ordinò che la neonata fosse abbandonata in una foresta affinché morisse.

Ciò non accadde, poiché un'orsa, che aveva perso il suo cucciolo, si prese cura della neonata e la allattò; in seguito, dei cacciatori la trovarono e la «adottarono».

La fanciulla crebbe vigorosa nel fisico e nel carattere, forse per il latte d'orsa che aveva succhiato nella prima infanzia o per la vita selvaggia che conduceva insieme ai cacciatori.

In particolare, Atalanta risultava formidabile nella corsa: dotata di agilità e resistenza, batteva tutti senza fatica.

Un giorno Artemide, la dea cacciatrice, la vide e la accolse nel suo seguito; insieme cacciavano per le foreste e godevano della vita libera, trascorsa a contatto con la natura selvaggia; nel tempo, l'assidua frequentazione fece nascere tra le due uno stretto legame d'amicizia.

1. *Orcomeno*: cittadina della Beozia, regione della Grecia centrale, a nord dell'Attica. I Beoti, cioè gli abitanti della Beozia, erano considerati piuttosto rozzi dai più raffinati Ateniesi.

Capitò che, in occasione dei riti propiziatori con i quali si celebrava il raccolto, Eneo, re di Calidone, dimenticasse di nominare e ringraziare Artemide. Irritata, la dea decise di punire il re, inviando un terribile cinghiale, dotato di una forza prodigiosa, a distruggere i raccolti e a uccidere animali ed esseri umani.

«Il cinghiale devasterà la terra di Calidone con furia terribile» sentenziò la dea «e nessun cacciatore, per quanto abile, potrà fermarlo!»; e così fu.

Il re Eneo, disperato, indisse una gara tra tutti i cacciatori della Grecia, promettendo ricchissimi premi e immensi onori a chi fosse riuscito ad abbattere il cinghiale.

Atalanta, che era a conoscenza della punizione di Artemide ma che si sentiva attratta da tutte le imprese apparentemente impossibili, facendo forse anche affidamento sulla sua familiarità e amicizia con la dea, si presentò alla grande battuta di caccia indetta dal re.

Il figlio dello stesso Eneo, il principe Meleagro, che guidava la spedizione dei cacciatori fu subito attratto da Atalanta e se ne innamorò perdutamente, anche se la ragazza, abituata alla vita della foresta e poco interessata all'amore e al matrimonio, non lo ricambiava.

La battuta di caccia durò dieci giorni ma alla fine il cinghiale, che sembrava inafferrabile e che aveva causato la morte di parecchi valenti cacciatori, fu abbattuto proprio da una freccia di Atalanta. A ucciderlo, tuttavia, fu Meleagro, che lo colpì al fianco con il suo pugnale.

In un certo senso si avverava in tal modo la predizione di Artemide, poiché non era ben chiaro a chi si dovesse attribuire la vittoria sul cinghiale. Tutti si affrettarono a lodare Meleagro, perché era il figlio del re, ma con grande lealtà egli proclamò che il vero merito dell'impresa andava alla forte e abile Atalanta.

«Come attestato del suo valore e come prova dell'amore che provo per lei,» egli disse «le faccio dono della pelle di questo animale e le chiedo di diventare la mia adorata sposa!»

Atalanta accettò il dono, ma non l'amore del giovane, e continuò a vivere la sua audace indipendenza, priva di vincoli sentimentali. Ben presto la sua fama la rese celebre ovunque.

Indagando sul conto di questa fanciulla di cui tutti parlavano, Iaso capì che era la figlia che aveva condannato a morire dopo la nascita. Per ironia della sorte, egli l'aveva rifiutata perché non era un maschio e ora ella si distingueva proprio per doti e atteggiamenti maschili!

Il re di Orcomeno accolse, dunque, Atalanta nella sua reggia, riconoscendola come legittima figlia ed erede. Anche in questo ruolo Atalanta, anziché impegnarsi nei lavori femminili o pensare a adornarsi, trascorreva il suo tempo a correre per i boschi e a cacciare; spesso lo faceva in compagnia di Artemide, che non le portava rancore a causa del cinghiale ucciso.

Dopo qualche tempo, il padre di Atalanta cominciò a insistere perché la figlia si scegliesse uno sposo, per assicurare una discendenza alla famiglia reale di Orcomeno; Atalanta però respingeva tutti i pretendenti, trovando loro mille difetti o nell'aspetto o nel carattere: in realtà alla fanciulla non piaceva proprio l'idea del matrimonio!

Infastidito dalla riluttanza della figlia, il re la mise alle strette: doveva scegliersi al più presto uno sposo, altrimenti lo avrebbe fatto lui. Allora Atalanta, confidando nelle sue doti atletiche, pose questa condizione: avrebbe sposato colui che l'avesse battuta nella corsa, ma i perdenti sarebbero stati uccisi.

Con sorpresa di tutti, molti principi ed eroi si presentarono alla gara, desiderosi di conquistare la bella Atalanta e il regno di Orcomeno o semplicemente attratti da una sfida pericolosa ma eccitante. Le gare si susseguirono come anche le morti degli sfidanti, mentre Atalanta sembrava indurirsi sempre più nel suo disprezzo dell'amore e del matrimonio.

Un giorno si presentò alla sfida un giovane eroe, Ippomene, innamoratissimo di Atalanta e deciso ad averla anche a rischio della vita. Atalanta, per la verità, vedendolo, lo trovò interessante. Le piaceva il suo aspetto, il suo modo di parlare, il gesto di passarsi una mano tra i folti capelli: per la prima volta ella guardava un uomo con desiderio ma, quando la gara iniziò, non la sfiorò nemmeno per un istante l'idea di farlo vincere: una gara era una gara! I due giovani partirono; Ippomene era molto veloce e correva più rapidamente di tutti i precedenti sfidanti, ma Atalanta... Atalanta non era una donna, era un fulmine!

Il risultato della gara sembrava già deciso, quando accadde qualcosa di inaspettato: Ippomene lasciò cadere per terra una lucente mela d'oro, che gli era stata donata da Afrodite e Atalanta, incuriosita, si chinò a raccoglierla, perdendo un po' di tempo. In tal modo, Ippomene riuscì a distanziarla leggermente. Ben presto la fanciulla lo raggiunse e lo superò, ma egli, facendo cadere una seconda mela, la indusse a fermarsi ancora una volta e annullò il distacco. Il traguardo era ormai vicino, quando Ippomene fece cadere la terza e ultima delle mele dorate donategli dalla dea: Atalanta, forse calcolando male i tempi, non resistette alla tentazione di raccogliere anche il terzo frutto. A quel punto, con uno scatto fulmineo, Ippomene tagliò il traguardo per primo e fu proclamato vincitore.

Atalanta, incredula, s'infuriò con se stessa, per aver ceduto alla tentazione di raccogliere le mele, e con Ippomene, per l'inganno che aveva tramato; cercò anche di far annullare la gara, ma nessuna regola stabiliva che i concorrenti non dovessero far cadere mele d'oro lungo il tragitto.

Placata l'ira, Atalanta sposò Ippomene, felice in cuor suo che il giovane non fosse morto; non si deve credere, comunque, che Atalanta, da moglie e madre, abbia cambiato il suo carattere o le sue abitudini preferite. Continuò, infatti, a correre per la foresta e a cacciare; certo si occupava anche della vita del palazzo, amava il marito e i figli, ma trovava completa realizzazione solo quando, lasciate le ricche stanze della reggia, sentiva intorno a sé il calore del sole, il fruscio del vento, lo stormire delle foglie e gli altri rumori della foresta, che era stata la sua vera casa durante l'infanzia e la prima giovinezza.

Per saperne di più

Il racconto riunisce in sé versioni diverse delle leggende riguardanti **Atalanta**; in tutte le narrazioni, comunque, Atalanta è presentata come una donna atletica, amante della vita all'aria aperta, abilissima in attività quali la caccia e la corsa e poco interessata, se non del tutto contraria, al matrimonio.
Queste caratteristiche la rendono una figura singolare, visto che nel mondo greco le fanciulle vivevano praticamente segregate in casa e la loro educazione aveva come scopo esclusivo la preparazione al matrimonio.
Forse la figura di Atalanta, per alcuni aspetti una versione umanizzata della dea Artemide, rimanda ai tempi in cui le donne erano più libere rispetto a quanto lo fossero nel periodo delle città-stato greche, anche se il tema del padre che abbandona la figlia femmina si riferisce a un costume diffuso nelle città elleniche, compresa la civile Atene.
La legge in Grecia, ma anche nell'antica Roma, non colpiva in nessun modo i genitori che esponevano i figli non desiderati o che non potevano essere mantenuti: nella maggior parte dei casi, i neonati abbandonati erano bambine, considerate esseri inferiori e di peso per la famiglia.
L'ingente attività fisica praticata da Atalanta può anche essere stata ispirata dall'educazione delle donne di Sparta; in questa città, infatti, le donne non erano segregate come ad Atene; anzi, poiché avrebbero dovuto mettere al mondo bambini forti e robusti, si dedicavano durante l'infanzia e la giovinezza a esercizi ginnici simili a quelli dei maschi.
La conclusione del mito, comunque, riporta Atalanta alla normalità del matrimonio, riconducendola alle funzioni che la mentalità greca tipica assegnava alla figura femminile.

Dentro il testo

L'eroe nell'antica Grecia

Prometeo, un benefattore dell'umanità

● COMPRENDERE E ANALIZZARE

1. Quale atteggiamento nei confronti degli uomini caratterizza tutte le azioni di Prometeo? ....

....

....

2. In quali circostanze Prometeo irrita Zeus? Perché le azioni di Prometeo contrariano a tal punto il re degli dèi?

....

....

3. Quale terribile punizione viene assegnata da Zeus a Prometeo? ....

....

4. In che modo Zeus cerca di riequilibrare le sorti dell'umanità troppo «avvantaggiata» dagli interventi del Titano?

....

....

5. Come e da chi viene liberato Prometeo? ....

....

....

6. Sottolinea tra i seguenti aggettivi quelli che ti sembrano più adatti a Prometeo:

coraggioso / generoso / prepotente / ribelle / malvagio / benefico / astuto / egoista

DENTRO IL TESTO

Teseo e l'arduo cammino verso il trono

● COMPRENDERE E ANALIZZARE

1. Teseo è un personaggio che manifesta sentimenti diversi e a volte contrastanti tra loro, per cui sa essere...

	Quando
Generoso	....
Intrepido	....
Ingrato	....
Disperato	....

2. Come capita ad altri eroi del mondo greco anche a Teseo tocca:

☐ il matrimonio con una giovane di stirpe divina

☐ il riconoscimento tardivo della propria identità

☐ il dono dell'immortalità

☐ la punizione per una colpa non commessa

3. Dal punto di vista storico, che cosa ci dice la vicenda del tributo che Atene doveva pagare a Creta?

☐ Che Creta esercitava un dominio assoluto su molte città dell'Egeo.

☐ Che esistevano rapporti di collaborazione tra le antiche civiltà egee.

☐ Che Creta temeva la ribellione degli Ateniesi e dei loro alleati.

4. Chi svolge nella narrazione il ruolo di aiutante dell'eroe e in che modo esercita la sua funzione? ....

....

....

....

....

5. In che modo Teseo viene punito per la sua arrogante insensibilità nei confronti di Arianna? ....

....

....

....

....

....

6. Perché Arianna, una volta rimasta sola, non avrebbe più potuto fare ritorno a Creta? ....

....

....

....

....

Perseo, un eroe cortese

● COMPRENDERE E ANALIZZARE

1. Riporta per ciascuna voce gli elementi contenuti nella narrazione.

- Profezia nefasta ....
- Trasformazione divina ....
- Prove da superare ....
- Aiutanti ....
- Oggetti magici ....
- Vendetta divina ....

2. Andromeda ha una caratteristica in comune con altre figure femminili mitologiche. Quale?

☐ È una vittima innocente che paga per le colpe altrui.

☐ Subisce la punizione di genitori insensibili al dolore dei figli.

☐ Patisce una pena esagerata rispetto alla gravità della colpa commessa.

3. La realizzazione della profezia, nonostante si sia fatto di tutto per evitarne le conseguenze, dimostra che:

☐ gli oracoli sono onniscienti

☐ i protagonisti sono dominati, a loro insaputa, da una forza superiore

☐ esiste un piano provvidenziale che guida gli eventi

Eracle, la fatica di essere eroe

● COMPRENDERE E ANALIZZARE

1. In quali prove Eracle deve affrontare animali per qualche motivo mostruosi? ....

....

....

....

....

....

DENTRO IL TESTO

2. Quali sono le prove in cui Eracle non ha lo scopo di catturare o eliminare animali o mostri? ....

....

....

....

....

....

3. Quale particolare viaggio deve affrontare Eracle per catturare Cerbero? ....

....

....

....

....

....

4. Quale terribile colpa deve espiare Eracle? Chi lo ha indotto a commettere un simile gesto? Perché? ....

....

....

....

....

5. Perché l'asservimento a Euristeo costituisce già di per sé una forma di punizione per Eracle? ....

....

....

....

....

6. Quali eventi e sentimenti concorrono a determinare la morte dell'eroe? ....

....

....

....

....

....

7. Per quale particolare aspetto il destino di Eracle si può considerare diverso da quello degli altri eroi? ....

....

....

....

....

....

Giasone e la conquista del vello d'oro

● COMPRENDERE E ANALIZZARE

1. Correggi gli errori contenuti nelle seguenti affermazioni:

Giasone è accompagnato nella sua impresa solo da Teseo e Perseo ....

....

....

Giasone giunge a destinazione dopo una lunga marcia attraverso la Grecia ....

....

....

Giasone è aiutato da un re amico che gli fornisce veloci e resistenti cavalli ....

....

....

Il vello è custodito nelle lontane terre degli Etiopi ....

....

....

Per impadronirsi del vello, Giasone deve vincere in duello il re che lo custodisce ....

....

....

2. Perché Giasone deve partire alla conquista del vello d'oro? ....

....

....

DENTRO IL TESTO

3. Quali prove deve affrontare e superare Giasone per poter ottenere il vello d'oro? ....

....

....

....

....

4. In che modo Medea svolge il suo ruolo di aiutante nei confronti di Giasone? ....

....

....

....

....

5. Medea e Arianna: due donne che vivono vicende caratterizzate da forti somiglianze. Sei in grado di riconoscerle e di indicarle? ....

....

....

....

....

....

6. Giasone e Teseo: due eroi che hanno storie con caratteristiche comuni.
Sei in grado di riconoscerle e di indicarle? ....

....

....

....

....

DENTRO IL TESTO

Atalanta, una donna forte come un uomo

● COMPRENDERE E ANALIZZARE

1. Quali aggettivi ritieni più adatti a descrivere la figura di Atalanta? Sottolineali.
vigorosa / pigra / veloce / vanitosa / coraggiosa / paurosa / raffinata / selvaggia / debole / agile

2. Ricordi quale altro eroe deve subire l'abbandono da parte della famiglia e corre il rischio di una morte prematura? ....

....

....

....

3. Secondo te, durante la sfida con Ippomene, Atalanta è tradita:

☐ dalla sua smisurata vanità

☐ dalla sua eccessiva sicurezza

☐ dalla sua insaziabile avidità

4. Altre giovani donne, oltre ad Atalanta, hanno rapporti matrimoniali difficili con gli eroi, così come alcuni eroi hanno rapporti contrastati con le loro mogli.
Riporta qualche esempio.

....

....

....

....

DENTRO IL TESTO

5. Nel mito di Atalanta ritroviamo gli elementi classici delle narrazioni eroico-mitologiche. Riporta per ciascuna voce l'elemento attinente, contenuto nella narrazione.

- Una punizione divina ....
....
....
- Una prova mortale da superare ....
....
....
- Il riconoscimento dell'eroe ....
....
....
- Il premio per chi osa ....
....
....

● E PER FINIRE...

1. Quali personaggi pronunciano le seguenti parole?

«Questa è la gloriosa spada di tuo padre Egeo, il signore della città di Atene, ed ecco i calzari che portava quando venne qui. Mi disse di rivelarti il suo nome quando fossi stato abbastanza adulto e forte da poter sollevare il masso e trovare la spada e i calzari. Ora sai la verità e puoi raggiungere tuo padre ad Atene: tu, suo primo figlio, sarai anche il suo erede!» ....

«Per espiare le terribili nefandezze che hai commesso non basta il rimorso che già hai dimostrato; ti sarà richiesta una grande prova di umiltà e pazienza: per dodici anni dovrai servire Euristeo, re di Micene e Tirinto, eseguendo tutto ciò che ti ordinerà.» ....

«Tu mi hai sfidato e tu pagherai per le azioni che hai compiuto a beneficio di esseri così miserevoli come gli uomini e a danno di coloro che condividono la tua stessa condizione divina!» ....

«Il cinghiale devasterà la terra di Calidone con furia terribile e nessun cacciatore, per quanto abile, potrà fermarlo!» ....

«Ecco perché mi trovo qui, abbandonata da tutti, senza alcuna speranza, destinata a una morte certa e orribile. Da quelle onde tra poco uscirà l'orrendo mostro a cui sono immolata e mi trascinerà con sé negli abissi!» ....

2. Quale avventura prende l'avvio dalle seguenti località?

- Orcomeno ....
- Tebe ....
- Trezene ....
- Argo ....
- Iolco ....

3. Attribuisci a ogni protagonista i tre elementi che ne caratterizzano la vicenda.

ostilità verso il matrimonio / una costellazione / un oracolo che si realizza / un labirinto / un salvataggio miracoloso / delle vele nere / il vello d'oro / l'uccisione dei figli / la testa di un mostro / amore per la caccia / una gara di corsa / una spedizione navale

Teseo	Perseo	Giasone	Atalanta

4. Spiega in quali circostanze i seguenti oggetti diventano un prezioso strumento di aiuto per gli eroi, elementi essenziali per poter portare a termine le loro imprese.

- Falcetto, calzari ....

....

- Mele d'oro ....

....

....

- Filo ....

....

....

- Unguento magico ....

....

....

5. Se risponderai correttamente alle seguenti domande, le iniziali delle risposte formeranno il nome di un personaggio coinvolto in una delle fatiche di Ercole.
(Il nome risultante è ....)

I mostri femminili che deve affrontare Perseo ....

Il nome del padre di Teseo ....

Lo era Iaso, nella città di Orcomeno ....

Era la regina delle Amazzoni ....

Il monte dove avevano la loro dimora gli dèi ....

L'isola in cui Teseo abbandona Arianna ....

L'ingenuo fratello di Prometeo ....

6. Quale ruolo svolgono i seguenti animali e in quale storia narrata?

- Un'aquila vorace ....
....
- Un mostro marino ....
....
- Un cavallo alato ....
....
- Un drago ....
....
- Un'orsa ....
....
- Due serpenti ....
....

L'eroe nell'antica Roma

Nella cultura romana l'eroe perde quel carattere in parte ancora mitico che manteneva all'interno della civiltà greca, per diventare decisamente umano; non si può più, dunque, parlare di miti, ma di leggende eroiche, cioè di narrazioni che, pur con importanti trasfigurazioni, trovano la loro giustificazione nella realtà storica.

Vi sono, naturalmente, delle eccezioni, legate al periodo delle origini e, in particolare, all'eroe fondatore di Roma, Romolo, il quale, insieme al gemello Remo, è di origine semidivina, in quanto figlio di una vergine vestale e del dio Marte, e discende da un eroe legato all'epica omerica, il troiano Enea. In genere, però, l'eroe romano è un uomo che esprime i valori di un preciso ambiente sociale, politico e storico.

Ciò è evidente soprattutto nelle leggende eroiche del primo periodo repubblicano, durante il quale Roma si trovò a combattere contro Etruschi, Latini e altri popoli italici per difendere la propria autonomia e libertà e, in seguito, per affermare la propria potenza.

In questo quadro si delineano ritratti di «cives» (cittadini) romani esemplari, dotati di intrepido coraggio e di grande onestà, pronti a sacrificare se stessi per il bene della patria.

Tali personaggi eroici riflettono perfettamente i valori tradizionali della cultura romana, secondo i quali al primo posto, in ordine di importanza, doveva essere messo l'interesse collettivo del popolo romano, al secondo il bene della propria famiglia e soltanto all'ultimo gli interessi individuali.

Il vero romano dei tempi della repubblica era, pertanto, prima di tutto un cittadino, poi un membro della propria «gens» (ovvero la stirpe o famiglia allargata, costituita da tutti i discendenti da un medesimo capostipite) e soltanto in ultima istanza un individuo al quale potevano essere riconosciuti bisogni e sentimenti personali.

È alla luce di questo sistema di valori che possono essere compiutamente compresi e debitamente apprezzati i comportamenti eroici di Orazio Coclite e di Muzio Scevola, la logica del disinteresse personale che anima la scelta di Cincinnato, il coraggio femminile di cui dà prova Clelia, come anche la fragilità umana mostrata da Coriolano.

Sono tutti espressione di una società agricola e patriarcale che fa della semplicità e della sobrietà i fondamenti di uno stile di vita che diventerà un ideale vagheggiato quando Roma, ormai ricca e potente, vedrà i propri cittadini abbandonarsi alle raffinatezze del lusso e della ricchezza.

Ed è proprio questa genuina semplicità dei tempi antichi che costituirà motivo di rimpianto per la classe dei colti intellettuali della tarda età repubblicana, i quali si rivolgeranno agli antichi valori come a un modello culturale a cui aspirare.

LE ORIGINI

Due gemelli e una lupa

Prima della nascita di Roma, il territorio del Lazio era dominato da una città molto potente, Albalonga, fondata da Ascanio, chiamato anche Iulo, figlio del grande eroe troiano Enea.

I suoi discendenti l'avevano resa sempre più prospera e potente, fino a quando Numitore, legittimo erede al trono in quanto figlio maggiore del re Proca, alla morte del padre fu spodestato[1] dal fratello minore, l'ambizioso e spregiudicato Amulio, il quale non si accontentò di cacciare il fratello, ma ne uccise anche il figlio, per evitare che, divenuto adulto, reclamasse il trono che lo zio aveva occupato illegittimamente.

Numitore aveva anche una figlia, la bella e dolce Rea Silvia; ma nei suoi confronti Amulio non ritenne necessario ricorrere all'omicidio e preferì costringere la nipote a consacrarsi come sacerdotessa alla dea Vesta[2].

Alla base di tale decisione non c'era alcuna devozione religiosa da parte dello zio, ma solo calcolo politico; infatti le vestali – così erano chiamate le ragazze che servivano la dea – dovevano rispettare due obblighi fondamentali: tenere sempre acceso il sacro fuoco di Vesta e

1. *fu spodestato*: fu cacciato dal trono, gli fu tolto ogni potere.
2. *Vesta*: dea corrispondente alla greca Estìa, sorella di Giove (lo Zeus greco); ella proteggeva il focolare domestico ed era molto onorata a Roma. Il fuoco sacro del suo tempio rappresentava la città stessa e le sue sacerdotesse non dovevano mai lasciare che si spegnesse, pena la morte.

rimanere vergini, essendo loro precluso[3] ogni genere di rapporto con uomini; per le sacerdotesse che avessero violato tali doveri era prevista la pena di morte.

La situazione che si era venuta a creare tranquillizzava Amulio: essendo morto il figlio di Numitore e non potendosi Rea Silvia sposare, nessun discendente del fratello avrebbe potuto rivendicare il trono; ma non aveva fatto i conti con il destino o, per meglio dire, con la volontà e i capricci degli dèi, che spesso sconvolgono anche i piani più perfetti.

Un giorno, mentre Rea Silvia stava attraversando il bosco sacro che circondava il tempio di Vesta, dopo aver attinto a una fonte acqua per il sacrificio alla dea, incontrò un giovane dal fisico imponente e dall'aria bellicosa: era Marte, dio della guerra.

La timida e devota Rea Silvia mai sarebbe venuta meno ai voti pronunciati dinanzi all'altare della dea, anche se le erano stato imposti con la forza dallo zio, per seguire un mortale, ma di fronte a un dio ogni sua remora[4] cadde e, quando Marte le confessò il suo amore e le propose un matrimonio segreto, ella accettò.

Dopo alcuni mesi divenne evidente a tutti che la fanciulla attendeva un bambino; la grande sacerdotessa delle vestali era furiosa, ma il più preoccupato e adirato era lo zio della ragazza, che vedeva vanificato il suo piano.

Amulio avrebbe applicato volentieri la sentenza prevista per le vestali in casi come questo, ma ne fu trattenuto dall'intercessione dell'adorata figlia Anto, che era molto affezionata alla cugina Rea Silvia, con la quale aveva condiviso i giochi infantili. L'amore per la figlia

3. *precluso*: impedito, reso impossibile.
4. *remora*: imbarazzo, indugio.

indusse Amulio a commutare la condanna a morte per la vestale colpevole nel carcere perenne. Rea Silvia aveva tentato di salvarsi, raccontando del suo matrimonio segreto con il dio Marte, ma pochi le avevano creduto e lo zio Amulio se ne era addirittura fatto beffe.

In prigione Rea Silvia dette alla luce non un bimbo bensí due splendidi gemelli.

«Miei poveri bambini,» andava dicendo la madre, cullandoli «che triste destino vi aspetta, anche se siete figli di un dio!»

L'usurpatore non se la sentì di uccidere i bimbi, forse perché dentro di sé non escludeva che Rea Silvia avesse detto il vero o forse perché non voleva macchiarsi di un'altra terribile colpa, anche se la sorte a cui li destinò non differiva molto dalla morte. Mandò a chiamare un servitore e gli ordinò di mettere i bimbi in una cesta e affidarla alle acque del fiume Tevere. L'uomo, sia pur controvoglia, eseguì l'ordine del sovrano, ma la cesta, a causa di un gioco di correnti dovuto alla piena del fiume o, come si disse nei secoli a venire, per volere degli dèi, dopo un breve percorso nel fiume turbolento si arenò alle pendici del colle Palatino.

I gemelli si erano salvati dalla morte per annegamento, ma rischiavano di morire di fame; piangevano forte e i loro vagiti attirarono verso di loro una lupa, che aveva appena partorito e allattato i suoi lupacchiotti. Alla vista dei due neonati piangenti, l'animale sacro al dio Marte provò un materno senso di pietà per quei due «cuccioli» umani e porse loro le sue mammelle rigonfie di latte, che i bimbi, affamati, presero a succhiare avidamente.

La sorte volle che Faustolo, un pastore del re Amulio, ignaro di quanto era successo, si trovasse a passare di lì. Di fronte a quella incredibile scena fu colto da pietà e tenerezza per i due bimbi e decise di portarli con sé e di affidarli alla moglie Acca Larenzia: avevano già dodici figli, ma accolsero volentieri i gemelli, ritenendo di buon auspicio il prodigioso modo in cui erano stati amorevolmente nutriti da una belva feroce.

«Non siamo ricchi» disse, infatti, la donna «e abbiamo già molti figli, ma due bocche in più non ci manderanno certo in rovina; gli dèi ci saranno grati, se avremo misericordia verso queste creature innocenti in favore delle quali loro stessi sono intervenuti in modo tanto prodigioso!»

I due gemelli, ai quali furono attribuiti i nomi di Romolo e Remo, vennero allevati con amore da Faustolo e da Acca Larenzia e divennero giovani forti e coraggiosi.

Fin da piccoli, Romolo e Remo apparvero dotati di particolare vigore e di grande intelligenza, tanto che Faustolo, che era divenuto capo dei pastori reali, decise di mandarli a Gabi[5], perché fossero addestrati all'arte della guerra e acquisissero una discreta istruzione.

Tornati presso i genitori adottivi, i due ragazzi, pur provando per la famiglia di Faustolo un grandissimo affetto, manifestarono segni di irrequietezza e di insoddisfazione per la vita da pastori che conducevano. Il loro carattere fiero e orgoglioso li portò, insieme ad alcuni amici che avevano iniziato a seguirli nelle loro giovanili «imprese», a scontrarsi violentemente, sul monte Aventino, con un gruppo di uomini del re Amulio. Durante la lotta Remo fu catturato e condotto davanti al re di Albalonga, mentre Romolo riuscì a sfuggire agli avversari e si rifugiò nella capanna di Faustolo.

5. *Gabi*: località laziale considerata, in epoca arcaica, un importante centro di studi.

Fu in quella circostanza che il pastore gli rivelò i particolari del ritrovamento nel fiume e si fermò su certi dettagli che turbarono il giovane Romolo: «È certamente prodigioso il modo in cui tu e tuo fratello siete stati salvati dalle acque e siete stati allattati da una lupa, ma c'è di più. Un servo del re Amulio, mio amico e parente, mi ha riferito che, il medesimo giorno in cui vi ho trovati, egli, per ordine del sovrano, aveva abbandonato nelle acque del Tevere una cesta con due gemelli, figli di Rea Silvia, la figlia di Numitore, legittimo re di Albalonga spodestato dal fratello. La fanciulla aveva affermato in quei giorni che i bimbi erano figli di Marte, dio della guerra!».

A queste rivelazioni Romolo abbracciò Faustolo e Acca Larenzia, assicurando loro che dentro di sé li avrebbe sempre amati come dei genitori, perché avevano avuto pietà di lui e del fratello e li avevano allevati come figli.

«Devo andare, il mio dovere mi chiama altrove; non avrò pace finché non avrò sfidato l'usurpatore e restituito il trono a mio nonno.»

Il giovane Romolo era veramente un uomo d'azione: alla testa di un gruppo di valorosi suoi seguaci, si recò ad Albalonga, assaltò il palazzo reale, liberò il fratello, uccise il malvagio prozio, restituì il trono al nonno Numitore e sottrasse alla lunga e penosa prigionia la madre Rea Silvia.

I due gemelli avrebbero potuto accontentarsi di fare vita da principi come eredi al trono, invece decisero di fondare una nuova città nel territorio in cui erano stati salvati.

Per stabilire il luogo della fondazione, i due fratelli decisero di affidarsi ai presagi; Romolo si pose sul colle

Palatino, Remo scelse l'Aventino: la città sarebbe stata fondata laddove i presagi fossero stati favorevoli e il fratello che fosse stato in quel punto sarebbe stato considerato il fondatore e il primo re della nuova città.

I fratelli rimasero a lungo in attesa, scrutando il cielo, finché Remo vide sei avvoltoi sfrecciare intorno all'Aventino; urlando di gioia, si stava apprestando a fondare ufficialmente la città, quando Romolo scorse ben dodici avvoltoi volare intorno al Palatino. Il responso degli dei era chiaro: la nuova città doveva essere fondata sul colle Palatino e Romolo doveva esserne il fondatore e re.

Come voleva la tradizione, il giovane tracciò con l'aratro il solco che doveva delimitare il primo nucleo della città ma, mentre conduceva i due buoi che trainavano l'aratro, ecco levarsi canzonatoria la voce di Remo: «Che confini sicuri e ben muniti ha la tua città, fratellino: si fa proprio fatica a superarli!».

Romolo non ebbe neppure il tempo di ribattere che Remo con un balzo aveva già superato il tracciato, entrando all'interno del perimetro consacrato dalla cerimonia di fondazione.

Accecato da un'ira tremenda, Romolo estrasse dal fodero la spada e colpì a morte il fratello.

Tutto era avvenuto così rapidamente che nessuno dei due era riuscito a proferire parola, né Remo aveva avuto la possibilità di un'estrema difesa. Quando Romolo vide a terra il cadavere del fratello, si rese d'improvviso conto di ciò che aveva fatto e si disperò, gemendo e strappandosi i capelli: avrebbe dato qualunque cosa per poter tornare indietro e controllare il proprio impeto! Il suo dolore fu tanto forte che si sarebbe tolto la vita, se non fosse stato trattenuto dai giovani che lo avevano sempre seguito e che erano destinati a diventare i primi abitanti della nuova città.

Anche il vecchio re Numitore, pur addolorato per la morte di Remo, lo convinse a desistere dai suoi propositi suicidi, dicendo: «Ho già perduto un nipote, non voglio perdere anche te; è tuo dovere dare continuità alla nostra stirpe e assicurare una vita gloriosa a questa nuova città. Quello che è successo dovrà essere di monito[6] per tutti: nessuno potrà oltrepassare illegalmente il sacro confine della città, per attaccarla o recare danno ai suoi abitanti, pena la morte!».

Romolo si lasciò convincere dalle sagge parole del nonno, seppellì il fratello con tutti gli onori sul colle Aventino, compì le prescritte cerimonie di espiazione[7] per il delitto compiuto e si mise a capo della nuova città che, ispirandosi al suo stesso nome, chiamò Roma.

Dentro di sé Romolo portò sempre il rimorso per avere assassinato il fratello e rimpianse per tutta la vita colui con cui aveva condiviso il ventre materno e i giochi infantili.

Come re ricordò sempre a tutti che la città di Roma era sacra, perché voluta dagli dèi e fondata da loro discendenti e che nessuno avrebbe potuto violarne i confini per attaccarla o recarle offesa; chi avesse scordato ciò sarebbe incorso nello stesso terribile destino di Remo: la morte.

6. *monito*: severo e solenne ammonimento.
7. *espiazione*: atto che manifesta pentimento e che vuole offrire una riparazione per una colpa.

Per saperne di più

Secondo la tradizione, Roma sarebbe stata fondata il 21 aprile del 753 a.C. da **Romolo**, primo dei sette re che avrebbero regnato sulla città.
Per nobilitare le proprie origini i Romani, utilizzando anche antiche narrazioni che facevano parte delle tradizioni dei popoli laziali e italici di epoca preromana, elaborarono una serie di vicende che spiegavano la nascita di Roma, ricollegando il fondatore alla stirpe del celebre eroe romano Enea e avvolgendo ogni vicenda in un'aura epica e mitica.
Probabilmente, nella realtà storica, il nucleo originario di Roma fu composto da un insieme di insediamenti posti sul colle Palatino e abitati per lo più da agricoltori, pastori e, forse, da qualche fuoriuscito dalle città vicine, magari per ragioni che oggi definiremmo politiche o per problemi con la giustizia.
Può stupire il fatto che in queste narrazioni la nascita di Roma sia segnata inizialmente da un terribile delitto quale il fratricidio; bisogna, però, a questo proposito, considerare che l'uccisione di Remo voleva rappresentare un forte e inequivocabile monito per ogni persona e popolo: Roma era inviolabile e chi l'avesse attaccata o oltraggiata avrebbe duramente pagato per questo.
Si deve inoltre ricordare come l'uccisione di un fratello, quale simbolo tragico delle successive lotte fratricide dell'umanità, sia posta dalla Bibbia, nel celebre episodio di Caino e Abele, all'origine della storia umana.

Le Sabine, eroine di pace

Dopo la sua fondazione, Roma si popolò abbastanza rapidamente, anche perché Romolo accolse generosamente coloro che per i motivi più vari fuoriuscivano da altre città. C'era, tuttavia, un problema: a Roma scarseggiavano le donne e, a parte il fatto che in una città priva della vivacità femminile la vita risultava essere piuttosto rozza e monotona, non vi era futuro in quanto nascevano pochissimi bambini.

Era necessario trovare un modo per risolvere questa incresciosa situazione e Romolo escogitò un piano ingegnoso. In qualità di re della nuova città invitò la vicina popolazione dei Sabini a una grande festa che prevedeva gare ginniche, corse di cavalli e un grandioso banchetto.

Allora la vita era dura, semplice, frugale[1], e una simile occasione di svago attirò moltissima gente, desiderosa di far festa e curiosa di vedere come i Romani si fossero «sistemati» dopo tutte le vicende avventurose che avevano accompagnato la fondazione della loro città.

I Sabini giunsero così in massa a Roma con le loro mogli, figlie e sorelle, e ben presto si abbandonarono alla gioiosa atmosfera della festa, eccedendo col vino e dimenticando ogni prudenza: i Romani, invece, seguendo le raccomandazioni di Romolo, restarono vigili e sobri.

1. *frugale*: modesta, sia nel modo di mangiare che di vestire.

La festa procedeva tra l'entusiasmo generale quando, a un segnale convenuto, secondo un piano prestabilito gli uomini di Romolo si lanciarono sulle donne sabine, trascinandole via.

Per la verità, i Romani avevano tentato di agire con discrezione, rapendo solo fanciulle non sposate e cercando di non impaurirle troppo; in ogni caso la loro azione contravveniva alle sacre regole dell'ospitalità e risultava innegabilmente offensiva per il popolo sabino.

I Sabini, colti di sorpresa, non ebbero la forza di reagire ma, sdegnati, si radunarono intorno al loro re Tito Tazio e promisero di vendicarsi per l'affronto subito.

Si allearono con altre popolazioni latine che temevano il crescente potere della nuova città e, dopo qualche tempo, riuscirono a radunare un vero e proprio esercito con il quale marciare su Roma.

I combattimenti tra Romani e Sabini si protrassero per anni con esito alterno: grazie al tradimento di una fanciulla, Tarpea, Tito Tazio riuscì perfino a penetrare in città, ma i Romani si rivelarono invincibili in combattimento, aiutati in questo anche da Giano e dallo stesso Giove, i quali non fecero mancare interventi divini in loro favore.

La situazione si fece insopportabile per entrambi i popoli, sfiniti da combattimenti interminabili che si protraevano senza vincitori né vinti. A questo stato di cose, divenuto ormai insostenibile, posero rimedio proprio le «vittime», vale a dire le Sabine rapite.

Dopo il rapimento erano state trattate con gentilezza e rispetto e ogni Romano, seguendo i consigli di Romolo, aveva giurato alla fanciulla da lui catturata di aver agito così perché spinto da irrefrenabile passione. Le fanciulle lusingate, senza farsi troppi problemi, si erano unite in matrimonio con i loro rapitori. Lo stesso re aveva sposato una Sabina: Ersilia. E fu proprio Ersilia, di indole molto vigorosa e determinata, a proporre il modo di uscire da quella infame guerra.

«Care amiche,» sostenne, rivolta alle spose sabine dei Romani «penso che siamo tutte d'accordo nel considerare deplorevole il rapimento compiuto dai Romani a nostro danno; tuttavia è anche vero che ora vivremmo una condizione felice, se non fossimo tormentate da questa interminabile guerra in cui a battersi sotto i nostri occhi sono i nostri padri, fratelli e mariti. Dobbiamo porre fine a questa intollerabile violenza; dobbiamo intervenire con coraggio e determinazione, se non vogliamo che negli anni a venire siano i nostri stessi figli a battersi contro i loro parenti!»

Le altre donne accolsero l'invito di Ersilia e, in occasione di un previsto scontro tra gli eserciti, presero posizione nel mezzo dei due schieramenti; quelle che avevano avuto dei figli dai Romani li presero in braccio, sollevandoli in aria e levando alti lamenti al cielo.

Romani e Sabini guardavano attoniti la scena, fissando le figlie, sorelle e mogli che, con le vesti a lutto e le chiome scomposte, levavano alte grida, chiedendo ai contendenti di porre fine a ogni combattimento o di ucciderle, perché esse non sopportavano più di vedere gli uomini a loro più cari, padri, fratelli e mariti, uccidersi tra di loro.

«Che senso ha» gridò Ersilia a nome di tutte «considerarsi nemici e combattersi, quando tra di noi c'è chi nelle vene ha il sangue di entrambi i popoli?»

E così dicendo, la donna indicò i figli dei Romani e delle Sabine, che le madri sollevavano tra le braccia e mostravano ai soldati schierati.

A quel punto né i Romani né i Sabini ebbero più il coraggio di combattere e i loro re decisero di stipulare una pace duratura, anzi, ispirandosi al discorso di Ersilia, fecero di più, unendo i due popoli. Fu deciso, in particolare, che i Sabini si sarebbero trasferiti a Roma, costituendo con i Romani un nuovo popolo, chiamato, nel suo insieme, «Quiriti», da Curi, antica capitale dei Sabini. Romolo e Tito Tazio decisero, inoltre, di regnare insieme e, cosa straordinaria data l'ambizione che di solito caratterizza chi governa, riuscirono a farlo in perfetto accordo, garantendo pace e prosperità al popolo di Roma.

Per saperne di più

Il suggestivo episodio del ratto delle **Sabine** nasconde alcuni particolari veritieri, legati alla storia e alla tradizione. Per esempio, il rapimento, presentato come reale in questa notissima leggenda, richiama il finto rapimento della sposa di alcuni riti matrimoniali romani. Inoltre, la conclusione della storia testimonia come Roma si sia sviluppata dalla fusione di due diverse stirpi, quella romana e quella sabina.

La presenza dei due re sembra, inoltre, prefigurare l'istituzione repubblicana dei due consoli che governarono congiuntamente a Roma.

Al di là di questi riferimenti storici, la leggenda ha avuto molta popolarità ed è stata ripresa come soggetto nei dipinti di varie epoche.

Un elemento interessante è costituito dal ruolo delle donne, che da vittime passive, quasi «oggetti» passati di mano in mano, divengono soggetti consapevoli, capaci di vincere con la loro determinazione la proverbiale ostinazione maschile e, con il richiamo agli affetti, di porre fine alla guerra e inaugurare un'epoca di pace e concordia.

Orazi e Curiazi, un sacrificio di fratelli

Durante il regno del terzo sovrano di Roma, il bellicoso Tullo Ostilio, i rapporti tra i Romani e gli abitanti di Albalonga furono molto tesi: era inevitabile che tra la giovane e sempre più fiorente Roma e la «città-madre» di Albalonga crescessero il sospetto e l'inimicizia, perché la nuova città in ascesa era vista come un pericolo dal popolo degli Albani, un tempo potente ma poi decaduto.

Nelle zone di confine, si accesero frequenti scontri tra contadini e pastori dei due popoli, poi le cose precipitarono e scoppiò una guerra vera e propria, che si trascinò a lungo senza un esito definitivo e che logorò sempre più i due popoli.

Durante una battaglia morì il re albano Cluilio e il suo successore, Mezio Suffezio, desideroso di porre fine all'inutile, continuo spargimento di sangue, chiese un colloquio al sovrano romano e avanzò una proposta di mediazione.

«Non c'è motivo» disse Mezio «per cui i nostri eserciti debbano continuare a combattersi e i nostri giovani più validi a morire in un conflitto senza fine; così facendo finirà che ci stermineremo a vicenda e alla fine avremo l'onore di regnare su una moltitudine di cadaveri! Troviamo, dunque, un modo per risolvere la nostra contesa e proclamare un popolo vincitore senza dover prolungare questa logorante e inutile guerra!»

Tullo Ostilio si dichiarò d'accordo e, insieme, i due re trovarono anche una singolare modalità per giungere a proclamare la vittoria di uno dei due schieramenti, ponendo termine alla guerra: Romani e Albani avrebbero schierato in propria rappresentanza tre gemelli, giovani noti nei rispettivi schieramenti per la forza e il valore: i tre Romani si chiamavano Orazi e i tre Albani si chiamavano Curiazi.

Si decise, dunque, che le due terne di gemelli si sarebbero affrontate in duello e, se avessero vinto gli Orazi, Roma avrebbe dominato Albalonga mentre, se avessero vinto i Curiazi, gli Albani sarebbero stati i signori dei Romani; il patto fu sancito[1] da sacre cerimonie religiose e giuramenti solenni.

I tre gemelli romani e i tre gemelli albani avanzarono in campo aperto e diedero inizio allo scontro.

I giovani non pensavano ai tremendi rischi che stavano correndo e non nutrivano alcuna paura per il proprio destino: l'unica loro preoccupazione era la salvezza della propria patria, per la quale tutti erano disposti a sacrificare la vita. Con questo spirito i duellanti iniziarono a combattere.

Vibravano colpi poderosi, ma nessuno sembrava prendere il sopravvento sull'altro tanto era il valore di cui i giovani davano prova con grande abnegazione[2]; la situazione sembrava destinata a non sbloccarsi più, quando due gemelli romani furono colpiti a morte. Nel vedere i nemici cadere a terra, gli Albani proruppero in alte grida di trionfo, mentre tra i Romani si andò diffondendo grande sgomento: il duello pareva destinato a

1. *sancito*: stabilito solennemente.
2. *abnegazione*: spirito di sacrificio.

concludersi in favore degli Albani, perché con un unico Orazio superstite a tener testa ai tre fratelli Curiazi, anche se feriti, lo scontro era veramente impari.

Costui tuttavia non si perse d'animo: era ancora integro e in forze, ma capì subito che la vigoria e il coraggio non sarebbero bastati. Doveva ricorrere all'astuzia, trovare una strategia che gli permettesse di riequilibrare lo scontro e prese a correre come in un estremo tentativo di fuga. Più correva e più distanziava i suoi inseguitori stanchi e feriti.

Quando si volse per rendersi conto della situazione, si accorse che i Curiazi che lo inseguivano non erano più insieme, ma distanziati tra loro: evidentemente le energie cominciavano a venir meno, le ferite e la stanchezza iniziavano a farsi sentire.

D'un tratto si fermò, si girò e si fece incontro al primo inseguitore, che con grande meraviglia si trovò di fronte un nemico agguerrito e deciso. Fu facile per l'Orazio avere la meglio su un avversario stremato e che non si aspettava una reazione così vigorosa: lo colpì in pieno petto e lo finì. Rinvigorito dal successo, il Romano attese a piè fermo il secondo Curiazio che stava sopraggiungendo: gli fu sopra e anche per lui non ci fu scampo.

L'ultimo Albano era talmente stanco e demoralizzato che, dopo aver visto i fratelli cadere per mano di un solo Romano, fu abbattuto senza nemmeno lottare con un colpo mortale di spada alla gola.

L'esito dello scontro era stato completamente ribaltato: gli Albani, prima tanto esultanti, vennero sopraffatti dallo sconforto, mentre i Romani sembravano rinati a nuova vita. L'Orazio superstite fu portato in trionfo a Roma insieme alle spoglie dei nemici uccisi: la città aveva un nuovo grande eroe.

Tra il popolo esultante vi era anche la giovane sorella degli Orazi: costei era fidanzata con uno dei tre fratelli Curiazi e, vedendo tra le mani del vincitore il mantello militare dell'amato che lei stessa gli aveva cucito, cominciò a lamentarsi, singhiozzando e strappandosi i capelli.

Il giovane Orazio fu preso da tanta ira che estrasse dal fodero la spada, ancora grondante di sangue nemico, e trafisse la sorella, gridando: «Va' a raggiungere colui che ami, sorella, visto che questo amore ti rende dimentica dei fratelli morti, di quello vivo e della tua patria! In questo stesso modo muoia ogni donna romana che piangerà un nemico!».

Molti cittadini, inorriditi di fronte a un simile atto di sangue, chiesero giustizia; il re Tullo Ostilio nominò due giudici, che condannarono il giovane a morte. L'Orazio, però, chiese al re di appellarsi al popolo e il sovrano gli concesse questo diritto.

Gli animi erano divisi e incerti, combattuti tra la disapprovazione e la gratitudine, quando si fece avanti l'ormai anziano padre dell'Orazio, l'onesto e stimato Publio Orazio, che piangendo si rivolse ai suoi concittadini con queste parole: «Romani, ascoltate un padre che già ha perso tanti figli e ora rischia di perderne un altro. Mia figlia si è macchiata di un grave delitto, compiangendo un nemico e scordandosi della famiglia e della patria; io stesso, se mio figlio non avesse agito, sarei intervenuto con la mia autorità. Non toglietemi, Romani, l'unico figlio che mi resta e soprattutto non condannate a una morte vergognosa chi vi ha salvato dai nemici!».

E alzando le spoglie degli Albani, il vecchio proruppe in un grido d'angoscia.

Commossi dalle sue parole, i Romani assolsero il giovane, che in segno di espiazione fu costretto a passare a capo coperto sotto un giogo, umiliandosi pubblicamente per aver ceduto all'ira e aver compiuto un gesto tanto nefando[3]. Venne edificata una grande tomba in cui fu sepolta la fanciulla uccisa, e ciò bastò a purificare la città dall'atto di sangue che l'aveva macchiata agli occhi degli dèi.

3. *nefando*: turpe, empio.

Per saperne di più

L'episodio degli **Orazi** e dei **Curiazi** si inserisce nel tipico schema dei racconti leggendari latini, che esaltano il senso civico e il valore dei cittadini romani, anche se in questo caso l'Orazio superstite deve fare ricorso soprattutto all'astuzia per uscire dalla complicata situazione in cui si è venuto a trovare.
Ciò che lascia sconcertati è l'esito finale dell'episodio, con l'uccisione della sorella e l'assoluzione popolare concessa all'Orazio dopo la condanna. In particolare, possono suonare ciniche e crudeli le parole del vecchio padre.
Bisogna, però, considerare che l'episodio doveva servire da monito per le donne romane, che erano indotte a porre l'amore per la patria innanzi a ogni altro sentimento; inoltre va considerato anche il desiderio, umanamente comprensibile, del padre di non vedersi privare anche dell'ultimo figlio rimastogli.
Ad ogni modo i Romani, nonostante l'assoluzione finale del giovane in quanto eroe e salvatore della patria, condannarono il gesto di violenza nei confronti della sorella, come dimostrano i riti purificatori messi in atto a riparazione del delitto.

Bruto, il falso sciocco

Il regno dell'ultimo sovrano di Roma, Tarquinio il Superbo, fu caratterizzato dalla prepotenza del re e dei suoi figli nei confronti del popolo romano; tutti a Roma, sia plebei sia patrizi, erano scontenti, ma nessuno aveva il coraggio di reagire apertamente, anche se sotto la cenere covava la fiamma dell'insoddisfazione e dell'ira verso un sovrano sempre più tirannico.

Tra gli scontenti vi era anche un parente stretto del re, il nipote Bruto, figlio di Tarquinia, sorella del sovrano. Egli era da tutti considerato piuttosto tonto e molti si divertivano a prenderlo in giro, primi fra tutti i suoi cugini, Tito, Arrunte e Sesto, figli dello stesso Tarquinio, che trattavano Bruto come uno zimbello[1].

Bruto, in realtà, aveva capito che, data la rapacità[2] dello zio e dei cugini, gli conveniva passare per sciocco così da sembrare inoffensivo ed evitare di essere eliminato dal re e dai suoi figli come un possibile rivale: una sorte che era già toccata ad altri membri della famiglia reale.

Un giorno, durante un'udienza reale, era apparso improvvisamente tra le colonne della sala del trono un enorme serpente, che aveva messo in fuga i cortigiani ed era stato poi ucciso a fatica dalle guardie del re.

1. *zimbello*: chi è fatto oggetto di scarsa considerazione e bersaglio di scherzi.
2. *rapacità*: ingordigia, insaziabilità nell'appropriarsi delle cose altrui.

Tarquinio, che era di origini etrusche come i due suoi predecessori e quindi molto superstizioso, rimase atterrito da questa apparizione, considerandola un nefasto segno di malaugurio. Decise perciò di inviare i suoi figli maggiori, Tito e Arrunte, accompagnati dal cugino Bruto, a interrogare l'oracolo di Apollo circa l'interpretazione da dare allo spaventoso evento.

I tre si misero in viaggio e, durante il tragitto, i figli di Tarquinio non risparmiarono scherzi di ogni genere al povero cugino, che ritenevano ingenuo al punto da rasentare la stupidità.

Giunti al santuario di Delo[3], i tre giovani Romani vennero ammessi alla presenza della Pizia, la sacerdotessa di Apollo, a cui chiesero il significato dell'evento accaduto alla reggia. Come spesso accadeva quando si consultavano gli oracoli, ebbero una risposta oscura e variamente interpretabile che, tuttavia, annotarono diligentemente per riferirla al re; poi, spinti da una curiosità più personale, chiesero a quale di loro gli dèi avrebbero destinato il trono e la Pizia rispose: «Chi fra voi bacerà per primo la Madre avrà un giorno il regno!».

I due fratelli decisero di tirare a sorte per stabilire chi, al loro ritorno, avrebbe avuto il diritto di dare il primo bacio alla madre e intimarono a Bruto di non dire a nessuno ciò che aveva sentito, per escludere dalla competizione il terzo fratello rimasto a Roma.

Bruto diede la sua parola e i due non si stupirono più di tanto quando, arrivati in territorio romano, egli in-

3. *Delo*: isola delle Cicladi, famosa per la presenza di un oracolo del dio Apollo. Nell'antichità vi erano santuari dedicati a divinità i cui sacerdoti predicevano il futuro e interpretavano gli eventi; i più noti erano legati al culto di Apollo e tra essi ricordiamo quelli di Delo e di Delfi. Le interpretazioni date in quei luoghi di culto erano spesso poco chiare e potevano essere intese in modi del tutto diversi.

ciampò e cadde a terra come un pupazzo: lo guardarono con aria di commiserazione e se ne uscirono in una sonora risata. In realtà, Bruto aveva compreso il vero, arcano significato dell'oracolo di Apollo: la madre a cui si riferiva la profetessa era Gea, la Terra, grande Madre di tutti i viventi ed egli, scivolando al suolo, l'aveva baciata per primo, ponendo i presupposti perché quanto era stato predetto dalla Pizia potesse realizzarsi.

Nel frattempo, Tarquinio aveva attaccato la vicina e ricca città di Ardea, sperando in una facile vittoria, ma la città resisteva e l'esercito romano, in cui combattevano anche Tito e Arrunte, fu costretto a un lungo e snervante assedio. Una sera i comandanti più nobili e giovani erano radunati nella tenda dell'impetuoso Sesto Tarquinio, ultimo figlio del re: erano stanchi di combattere e pensavano con nostalgia alle giovani mogli lasciate a Roma, che nel ricordo apparivano ancora più belle, dolci e desiderabili.

Ognuno vantava la propria sposa, esaltandone le doti morali; tra i più convinti partecipanti a questa gara di lodi vi erano lo stesso Sesto e un patrizio di nome Collatino, che nella foga della discussione fece la seguente proposta: «Amici, Roma non dista molto; cavalchiamo fino alla città e vediamo come le nostre mogli passano il loro tempo, mentre noi combattiamo. Potremo, così, stabilire quale tra loro viva nel modo più virtuoso. Domani all'alba saremo di nuovo al campo e riprenderemo l'assedio!».

Tutti accolsero con favore la proposta e cavalcarono fino a Roma. Ma mentre i figli di Tarquinio ebbero la triste sorpresa di trovare le mogli immerse nei frivoli piaceri di feste e bagordi, dimentiche dei mariti in guerra, Collatino dimostrò che sua moglie Lucrezia era in casa con le sue ancelle: presso di lei non vi erano musici o cibi succulenti, ma da donna virtuosa e modesta era intenta a filare la lana, con il pensiero rivolto al marito lontano.

Collatino sorrise orgoglioso, guardando la sposa, che sembrava incarnare il modello della perfetta matrona romana; l'abbracciò con calore e tornò con i compagni all'accampamento.

I figli di Tarquinio si complimentarono con Collatino, ma il loro cuore era ricolmo di ostilità e di invidia: la figuraccia che loro e le loro frivole spose avevano fatto di fronte alla specchiata[4] virtù di Lucrezia era dura da sopportare.

Quello che più si sentiva offeso era Sesto, che provava però una morbosa[5] attrazione per Lucrezia; questi due sentimenti diversi si fusero nel suo animo, ispirandogli un progetto malvagio e criminale, che indusse il giovane a tornare a Roma, in compagnia di un amico fidato, pochi giorni dopo la precedente visita. I due giunsero presso la casa di Collatino sul far della notte e furono accolti da Lucrezia con ogni onore; le sembrò strana quella visita ma, rispettosa nei confronti del figlio del re, attese che fosse lui a dare spiegazioni; lungi dal pensare a delle malvagie intenzioni, ella temeva che i due dovessero annunciarle qualche cattiva notizia riguardante il marito. Più passava il tempo, però, più Lucrezia si andava tranquillizzando e, dopo una gustosa cena, fece accomodare gli ospiti nelle rispettive stanze, augurando loro un buon sonno ristoratore e ritirandosi nella propria camera.

4. *specchiata*: pura, esemplare.
5. *morbosa*: malata, ossessiva.

Durante la notte, mentre la casa era avvolta nel buio e nel silenzio, Sesto si alzò dal letto e penetrò nella stanza dell'ignara Lucrezia, avventandosi su di lei con la spada in pugno. La poveretta si destò in preda al terrore, né valsero a calmarla le parole confuse e deliranti con cui Sesto le confessava di provare nei suoi confronti un'irrefrenabile passione.

La donna, pur spaventata, reagì con decisione, tentando di liberarsi dalla stretta del giovane, che però con preghiere e intimidazioni bloccò ogni suo tentativo di fuga, minacciandola di morte se avesse continuato a rifiutare le sue proposte. L'avrebbe uccisa e avrebbe strangolato uno schiavo della casa, mettendone il cadavere accanto al suo, così lei e il marito sarebbero stati macchiati per sempre dal disonore del tradimento.

A queste parole Lucrezia si accasciò sul giaciglio, sfinita, e allora il malvagio Sesto ne approfittò per sfogare la sua passione. Compiuto il misfatto, fece ritorno al campo.

Quando Lucrezia tornò in sé era già sorto il giorno e mai alba fu per lei tanto angosciosamente amara; con le poche forze che le rimanevano mandò un messaggero al padre e al marito, chiedendo loro di raggiungerla immediatamente. Essi accorsero e Collatino portò con sé proprio quel Bruto, cugino dei Tarquinii, che tutti, ma non lui, credevano sciocco.

Quando giunsero presso la camera di Lucrezia, la giovane, pallidissima, scoppiò in lacrime e raccontò loro la terribile violenza di cui era stata vittima.

«Sono disonorata nel corpo,» disse a conclusione del suo disperato sfogo «ma gli dèi sanno che sono pura nell'animo e ciò sarà testimoniato dalla mia morte!»

Così dicendo, Lucrezia estrasse un pugnale che aveva tenuto nascosto sotto le vesti e, prima che i presenti potessero intervenire, se lo affondò nel cuore.

Collatino e il padre di Lucrezia caddero in preda alla disperazione. Perché non avevano capito quello che stava per succedere? Perché non erano riusciti a fermare l'estremo gesto disperato della donna?

Una voce vibrante li riscosse dai loro pensieri angosciosi: «Collatino, Spurio Lucrezio, avremo tempo per piangere e per chiederci quello che avremmo potuto o dovuto fare; ora l'onore offeso di Lucrezia ci impone un'unica doverosa missione: vendicare questa giovane donna che ha dovuto rinunciare alla vita per la malvagità di Sesto!».

Era Bruto che, estratto dal corpo di Lucrezia il pugnale insanguinato, lo passò ai compagni e unì le loro mani e i loro cuori in un sacro giuramento: non avrebbero avuto pace fino a quando non avessero vendicato l'offesa ricevuta.

Il corpo di Lucrezia fu trasportato fuori dalla sua dimora ed esposto alla sgomenta curiosità della folla, che sempre più numerosa era accorsa dopo che si era diffusa la notizia dell'accaduto.

Si era adunata, dunque, una grande moltitudine di persone, quando Bruto, abbandonata la «maschera» dello sciocco che fino ad allora aveva indossato per ingannare i malvagi parenti, prese a incitarla all'azione con ardenti parole: «Vendichiamo questa donna pura e innocente, simbolo della virtù romana, vittima della malvagità e della spudorata prepotenza del tiranno! Scacciamo da Roma Sesto e tutta l'empia famiglia di Tarquinio il Superbo!».

Le arringhe[6] di Bruto trovarono facile presa nel profondo risentimento che covava da tempo negli animi dei Romani contro il sovrano e i suoi figli che si erano macchiati di ogni genere di sopruso. Ciò che soprattutto colpiva i Romani era la tragica e ingiusta fine dell'in-

6. *arringhe*: discorsi pieni di calore, per incitare la folla e per convincerla all'azione.

nocente Lucrezia, in cui vedevano le loro madri, mogli, figlie e sorelle: punire Sesto e i suoi familiari era per loro come affermare in modo inequivocabile che nessuno, per quanto potente, avrebbe potuto in futuro mancare di rispetto alle donne romane.

Animati da questi sentimenti e incitati da Bruto, che andava ricordando loro non solo la vergognosa azione di Sesto, ma tutte le prepotenze di cui si era macchiato Tarquinio nei confronti dei Romani, giovani e vecchi presero le armi e cacciarono da Roma il re etrusco, sua moglie e i suoi figli.

Il re tentò una debole resistenza prima di arrendersi di fronte alla montante ribellione e fuggire a Cere in Etruria; con lui vi erano i figli Tito e Arrunte, mentre Sesto era scappato a Gabi; qui, poi, cadde vittima della vendetta dei parenti di alcune persone, che in passato aveva mandato a morte per futili[7] motivi.

Nel frattempo a Roma fu decretato ufficialmente l'esilio perpetuo per Tarquinio e i suoi discendenti e la fine della monarchia. Spurio Lucrezio, per volontà del popolo e del senato, nominò Bruto, il cui nome completo era Lucio Giunio Bruto, e il genero Lucio Tarquinio Collatino consoli[8] di Roma.

Così Lucrezia era vendicata e la profezia della Pizia si era avverata, perché Bruto era stato eletto alla massima carica dello stato, in una città che non era più governata da una monarchia, ma era divenuta una repubblica.

7. *futili*: non rilevanti, di poco conto.
8. *consoli*: erano i due magistrati più importanti di Roma; in un certo senso, avevano ereditato parte dei poteri del re, ma erano elettivi.

Per saperne di più

Il racconto della cacciata di **Tarquinio** e della conseguente fine della monarchia, che, secondo la tradizione, sarebbe avvenuta nell'anno 509, quindi a 244 anni dalla fondazione di Roma, è ricco di elementi tipici della narrazione leggendaria, dall'eroe che si finge sciocco, ma è invece molto astuto, alla predizione che non deve essere interpretata in modo letterale.

Esemplare è il ritratto della matrona virtuosa, che doveva servire da modello per le donne romane e il cui onore occupava nella gerarchia dei valori un posto prioritario, dal momento che la sua violazione sarebbe stata la causa scatenante di una sommossa e del successivo rivolgimento politico-sociale.

Al di là delle leggende, la fine della monarchia può essere storicamente rapportata da un lato alla liberazione di Roma dal dominio degli ultimi re di origine etrusca, dall'altra alla ribellione della classe patrizia contro una monarchia forse tirannica ma che, in parte, si appoggiava proprio al consenso delle classi popolari.

In effetti, con la fine della monarchia si impose un tipo di organizzazione politica che vedeva il potere accentrato nelle mani delle famiglie aristocratiche e solo dopo lunghi anni di lotte e rivendicazioni la plebe riuscì a farsi riconoscere diritti civili e politici.

LA REPUBBLICA

Orazio Coclite, la solitudine dell'eroe

Scacciato Tarquinio e instaurata la repubblica, si aprì per Roma un periodo di grande espansione militare ed economica, che la condusse a diventare la città più potente del mondo. Fu tuttavia un periodo storico complesso e pieno di difficoltà, rappresentate, tra l'altro, dai ripetuti tentativi di Tarquinio e dei suoi figli di riconquistare il trono.

A volte la lotta era aperta, talora prendeva la forma di oscuri complotti, come nel caso di una congiura che ebbe come complici di Tarquinio, cosa incredibile a dirsi, gli stessi figli di Giunio Bruto, colui che aveva guidato i concittadini nella rivolta contro il re tiranno: per volontà del console loro padre, i due giovani pagarono con la vita il tradimento.

Il complotto non fu certo l'unico episodio in cui la libertà di Roma fu messa in pericolo.

Tarquinio era di origine etrusca e andava alimentando nelle città etrusche come Cere, Tarquinia e Tuscolo un sentimento antiromano che le inducesse a prendere le armi contro Roma. Ci furono così numerose aggressioni nei confronti di Roma, ma chi la attaccò con più foga e successo fu Porsenna, il lucumone[1] di Chiusi, che in un'occasione fu addirittura sul punto di impadronirsene.

1. *lucumone*: re, con funzioni anche di sacerdote e giudice, che governava le città-stato etrusche.

Durante una delle tante incursioni etrusche in territorio romano, all'apparire delle truppe di Porsenna ci fu un fuggi fuggi generale dalla campagna verso Roma: la città fu munita di presidi armati e dava l'impressione di poter reggere l'urto nemico per via delle fortificazioni e per l'ostacolo costituito dal Tevere. Il ponte Sublicio però, l'unico ponte che collegava Roma alla riva destra del Tevere, rappresentava un punto debole e avrebbe potuto offrire una breccia al nemico. Soltanto l'opposizione eroica di un uomo, Orazio Coclite, salvò le sorti di Roma.

Il giovane era chiamato Coclite perché cieco a un occhio, e questa sua menomazione, lungi dall'indebolirlo, gli aveva dato una tale forza interiore e un desiderio di provare a tutti il suo valore che egli non esitava a gettarsi in imprese pericolose e rischiose.

Destinato quel giorno alla guardia del ponte, vide che i nemici, con un attacco a sorpresa, si erano impossessati del Gianicolo e da quel colle stavano scendendo verso la città con grande irruenza, travolgendo chiunque trovassero sulla loro strada. Si rese subito conto che la situazione stava diventando pericolosamente insostenibile perché i suoi compagni, in preda al panico, rompevano le righe e, buttate le armi, si ritiravano disordinatamente.

Allora la giovane guardia non perse tempo e, trattenendoli uno per uno, bloccando loro la strada e chiamando a testimoni uomini e dei, urlava che era inutile che fuggissero dopo aver abbandonato i loro posti: se si fóssero lasciati alle spalle il ponte incustodito, in un attimo sul Palatino e sul Campidoglio ci sarebbero stati più nemici che sul Gianicolo e Roma avrebbe dovuto rinunciare per sempre alla propria libertà.

Nella concitazione[2] del momento esortò i compagni a distruggere il ponte col ferro, col fuoco o con qualsiasi altro mezzo a loro disposizione, mentre lui, sfruttando la ristrettezza del luogo, avrebbe retto l'urto nemico, dando loro il tempo di compiere l'opera alle sue spalle. Così, attraversate le schiere dei compagni che si accingevano ad abbattere il ponte, avanzò a grandi passi verso gli avversari, pronto, armi alla mano, a sostenere l'assalto.

Trattenuti dal senso dell'onore, restarono con lui solo due giovani nobili per nascita e per imprese compiute, Spurio Larcio e Tito Erminio: con loro egli sostenne per qualche tempo la prima temibile ondata nemica, sbalordendo gli Etruschi con l'incredibile coraggio che dimostrava nella lotta.

Fu così che, rinvigorito dal successo, andava sfidando gli avversari con baldanzosa sfrontatezza[3], accusandoli di essere schiavi dell'arroganza monarchica e di esser venuti a minacciare la libertà altrui senza pensare alla propria.

Alle sue spalle, nel frattempo, centinaia di uomini andavano demolendo il ponte e, quando ne rimase in piedi solo un pezzo e quelli che lo stavano abbattendo gli urlarono di ripiegare, Orazio costrinse i suoi due compagni a mettersi in salvo.

Gli Etruschi, increduli di fronte a tanta tenacia e resistenza, si buttarono tutti insieme all'assalto e gridando a gran voce concentrarono il loro impeto contro quell'unico nemico. Ma Orazio, parando i colpi con lo scudo, non cedette dalla sua posizione e quando gli Etru-

2. *concitazione*: intensa agitazione.
3. *baldanzosa sfrontatezza*: fiera sfacciataggine.

schi erano ormai sul punto di travolgerlo, giunsero come una liberazione il fragore del ponte che andava in pezzi e le grida dei Romani, gioiose per l'operazione brillantemente portata a termine.

Per un attimo i soldati etruschi esitarono stupefatti e Coclite approfittò del momento per chiedere la protezione del padre Tevere e tuffarsi, armato, nella corrente del fiume. Sotto una pioggia fittissima di frecce nemiche, arrivò indenne[4] a nuoto fino dai suoi compagni, protagonista di una impresa destinata ad avere presso i posteri fama imperitura[5].

L'eroico gesto di Orazio Coclite, anche se non segnò la fine della lotta tra Roma e Chiusi, arrestò l'avanzata dell'esercito guidato da Porsenna e gli dimostrò quale fosse il valore che animava i Romani e che cosa fossero disposti ad affrontare per difendere la libertà della loro città.

Lo stato ricompensò l'eroismo di Orazio Coclite con una statua in pieno Comizio[6] ai piedi del Campidoglio e con la concessione di tutta la terra che fosse riuscito ad arare nello spazio di un giorno.

Ma anche i privati cittadini vollero dimostrare la loro gratitudine a colui che aveva salvato la città e, nonostante il periodo di grande carestia, ognuno in proporzione alle proprie disponibilità si privò di parte della sua razione di viveri per fargliene dono.

4. *indenne*: incolume, sano e salvo.
5. *imperitura*: destinata a non perire, immortale.
6. *Comizio*: luogo in cui si radunavano le assemblee politiche in età repubblicana. Occupava una zona a nord del Foro.

Per saperne di più

La leggenda di **Orazio Coclite** esalta le tipiche virtù del cittadino romano di età repubblicana, pronto a sacrificarsi per la gloria e la libertà della patria.
La menomazione del protagonista può sembrare un particolare che ha poco di «eroico» ma, in realtà, rende ancora più epica e ammirevole la valorosa determinazione di Orazio.
Il riconoscimento dell'impresa che avviene a livello privato, con la rinuncia da parte dei singoli cittadini ai generi di prima necessità, testimonia una dimensione umana che lega il popolo ai suoi eroi e che va oltre la glorificazione ufficiale del gesto.

Muzio Scevola, il disprezzo del dolore

L'assedio di Roma durava ormai da tempo. I Romani avevano resistito con valore agli assalti dei soldati di Porsenna, ma ora stava incombendo sulla città un pericolo anche maggiore. I viveri cominciavano a scarseggiare e non si vedeva la possibilità di procurarsene: di fronte allo spettro della fame, gli animi dei più erano in preda allo scoraggiamento e alla paura. Il popolo temeva che la città sarebbe caduta e tutti sapevano che la vittoria del re etrusco avrebbe riportato sul trono il suo alleato, Tarquinio, il tracotante sovrano cacciato, dopo ventiquattro anni di soprusi.

Tra coloro che più temevano il ritorno del tiranno vi era Gaio Muzio, un giovane animato da nobili ideali libertari e intollerante della tirannide.

Di fronte alla prospettiva di vedere il suo popolo cadere vittima delle prepotenze e delle sopraffazioni di Tarquinio, si convinse che doveva agire e gli balenò l'idea di tentare un'impresa incredibile ma decisiva: uccidere Porsenna.

I parenti e gli amici a cui il giovane aveva manifestato il suo proposito tentarono di fermarlo e gli stessi senatori, che erano stati informati del piano, nel giudicare impossibile la riuscita dell'azione, gli prospettarono il rischio mortale che avrebbe corso una volta giunto nel campo etrusco.

Muzio si mostrò irremovibile nel perseguire il suo scopo; confidava che la conoscenza della lingua etrusca, che aveva appreso dalla nutrice, lo avrebbe aiutato, se si fosse trovato in difficoltà.

Il giovane romano riuscì a infiltrarsi nel campo nemico più facilmente di quanto avesse immaginato e raggiunse senza problemi la tenda dove di solito si trovava il re.

Qui egli scorse un uomo riccamente vestito, assiso[1] su un seggio, che a Muzio parve molto simile a un trono, mentre intratteneva alcuni ufficiali; certo di essere dinanzi a Porsenna, non ebbe esitazione: con la spada in pugno gli si gettò contro e lo trafisse a morte tra l'attonito stupore dei presenti.

I soldati, riavutisi dalla sorpresa, lo catturarono e Muzio capì subito che per lui non vi sarebbe stata via di scampo. Ma la cosa non turbò il giovane, convinto di aver eliminato colui che rappresentava il maggiore pericolo per la sua patria.

Grande fu invece la sorpresa di Muzio quando i guerrieri etruschi lo condussero in una ricca tenda davanti a colui che chiamarono con rispetto «re».

In un attimo il giovane Romano capì di aver commesso un terribile sbaglio: deluso e adirato con se stesso si rese conto di non aver ucciso Porsenna, ma un suo segretario, colpito mentre stava svolgendo le sue abituali funzioni amministrative.

Pur trattandosi di una situazione rischiosissima, Muzio assunse un atteggiamento orgogliosamente distaccato e, continuando più a incutere paura che ad averne, esclamò con grande solennità: «Sono romano e il mio nome è Gaio Muzio. Volevo uccidere un nemico da nemico; morire non mi fa più paura di uccidere. Il corag-

1. *assiso*: seduto.

gio nell'agire e nel soffrire è cosa da Romani. Questa volta, o re, la sorte ti è stata benevola, ma sappi che da oggi in poi dovrai prepararti a difendere la tua vita in ogni momento del giorno e abituarti all'idea di trovare un nemico armato già nel vestibolo[2] della reggia. Questa è la guerra che la gioventù romana ti ha dichiarato: niente scontri, niente battaglie, sarà soltanto una questione tra te e uno di noi».

Il re era al tempo stesso furibondo e terrorizzato e minacciava di mandarlo al rogo se non si sbrigava a chiarire quella serie di oscure minacce, quando Muzio lo interruppe: «Osserva e considera quanto valore dà al proprio corpo un cittadino romano che aspiri alla gloria!».

E a queste parole infilò la mano destra in un braciere acceso per un sacrificio e la lasciò bruciare, rimanendo impassibile.

Il re, sconvolto da questo gesto inatteso, si alzò di scatto dal suo trono e, fatto allontanare il giovane dall'altare, gridò: «Vattene! Hai fatto del male più a te stesso di quanto ne abbia fatto alla mia persona. Onorerei il tuo coraggio, se fosse al mio servizio. Ti sei già punito da solo, ti risparmio la pena capitale e ti lascio libero».

Allora Muzio, quasi per ricambiarne la generosità, disse: «Per l'onore che mi rendi, ti dirò quello che non hai ottenuto con le minacce: dopo di me, lunga è la lista di coloro che vorrebbero avere l'onore di ucciderti; l'abbiamo giurato in trecento, il meglio della gioventù romana. Io sono stato il primo, gli altri, qualunque sia stata la sorte di quelli che li hanno preceduti, rispetteranno il giuramento, fino a quando la missione non sarà portata a termine».

2. *vestibolo*: nella casa romana, spazio antistante l'ingresso; anticamera.

L'impresa di Muzio segnò il corso degli eventi. Porsenna, infatti, spaventato dal minaccioso avvertimento del valoroso giovane e convinto che il coraggio dei Romani li rendesse invincibili, decise di inviare ambasciatori a Roma per trattare la pace.

Nel frattempo Gaio Muzio, che da allora fu chiamato «Scevola», cioè mancino, non solo fu ricompensato dal Senato per il coraggio dimostrato con un appezzamento di terreno al di là del Tevere, ma acquisì immensa gloria presso i concittadini che lo onorarono come un grande eroe.

Per saperne di più

Questo racconto, come altri episodi simili, nell'esaltare l'eroismo degli antichi Romani, svolge un'evidente funzione «educativa», trasmettendo alle generazioni future esemplari modelli comportamentali legati a valori come l'amore per la patria, la difesa della libertà e la ricerca della gloria.
Può sembrare strano che un gesto tanto eroico sia stato ripagato, invece che con ricchezze o onori, con un lotto di terreno.
Se si considera però che la società romana era una società strettamente legata alla terra e che, all'epoca, l'agricoltura era l'attività produttiva fondamentale, si capisce come un appezzamento da coltivare potesse costituire una ricompensa ideale.
Il termine «scevola», secondo alcuni studiosi, non significherebbe in realtà «mancino» e non sarebbe, quindi, legato al gesto di **Muzio**, ma, ironia della sorte, deriverebbe da una parola etrusca e indicherebbe un amuleto contro il malocchio.

Clelia, una fanciulla intrepida

Quando il re etrusco Porsenna decise di togliere l'assedio a Roma, concordò con i Romani una tregua[1], durante la quale si andarono definendo, tra laboriose trattative, le condizioni di pace.

Per assicurarsi il rispetto dei patti e proteggersi da eventuali ulteriori tentativi di aggressione, egli pretese in ostaggio dai Romani un gruppo di giovani ragazzi e giovanissime fanciulle appartenenti alle più importanti e nobili famiglie romane.

Tra loro vi era Clelia, una giovane dal forte carattere e dall'indomito coraggio, che con il suo modo di agire spigliato e sicuro si era guadagnata all'interno del gruppo degli ostaggi una certa autorevolezza[2] e con il suo ascendente sapeva esercitare sulle compagne un ruolo di guida.

Clelia mal sopportava quella condizione, sia pur temporanea, di non libertà e sempre più spesso manifestava alle altre ragazze questo suo stato di disagio. Tanto fece e tanto esortò alla libertà i giovani animi delle fanciulle, che le trovò ben presto disposte a mettere in atto un suo piano per sfuggire alla prigionia.

Fu così che le ragazze insistettero con le guardie perché concedessero loro la possibilità di bagnarsi nel Tevere.

1. *tregua*: interruzione temporanea della guerra.
2. *autorevolezza*: stima e fiducia, dovute alla personalità di chi ne gode.

«Vorremmo essere sempre piacevolmente fresche e pulite» disse Clelia ai soldati. «Questo nostro aspetto trasandato e dimesso non rende onore né a Roma né a voi, che avete promesso ai nostri concittadini di trattarci benevolmente!»

Il comandante della guarnigione provò a immaginare se le parole delle giovani potessero nascondere qualche inganno, ma si tranquillizzò subito e accordò loro quanto richiesto: le pericolose correnti e i gorghi del fiume avrebbero trattenuto le fanciulle vicino alla riva.

Ma l'uomo non aveva fatto i conti con l'intraprendenza di Clelia e delle sue compagne.

Non appena i soldati si furono scostati di pochi passi, per lasciarle libere di bagnarsi in solitudine, le giovani romane si gettarono nel Tevere e presero a nuotare con gran lena per raggiungere la sponda amica, sfidando i gorghi del fiume e i giavellotti che gli Etruschi cominciarono a lanciare contro di loro, non appena capirono che cosa stava accadendo.

L'integrità fisica e la buona sorte permisero alle coraggiose ragazze di raggiungere incolumi la riva opposta. Ma al loro rientro a Roma le attendeva una brutta sorpresa: i senatori romani, fedeli ai patti sanciti[3] con Porsenna, decisero che gli ostaggi dovevano essere restituiti al lucumone etrusco. A sostenere questa decisione con particolare vigore fu il nobile Publicola, padre di Valeria, una delle compagne di Clelia. Non che Publicola non amasse la propria figlia, ma in tale circostanza ciò che doveva prevalere era il senso dell'onore, la necessità di rispettare i patti, l'interesse della città. Porsenna, d'altra parte, aveva trattato gli ostaggi con grande rispetto, garantendo i loro diritti secondo le consuetudini.

Da parte sua il re etrusco era veramente furioso ed esigeva l'immediata riconsegna di Clelia, l'ideatrice del piano di fuga.

Quando se la vide davanti, impavida[4] e orgogliosa di quello che aveva compiuto, fu colto da una grande ammirazione. «Non sono solo i Romani, ma anche le loro donne, a essere animati da un irresistibile desiderio di

3. *sanciti*: imposti d'autorità mediante atti ufficiali.
4. *impavida*: senza paura.

libertà!» pensò Porsenna e, placata l'ira, concesse benevolmente a Clelia di tornare a Roma e di portare con sé un certo numero di ostaggi, scelti tra quelli rimasti nel campo etrusco.

Porsenna, convintosi che un popolo di uomini e di donne tanto coraggiosi non poteva essere sconfitto, tolse definitivamente l'assedio alla città, abbandonando nell'accampamento ogni sorta di vettovagliamento. I Romani se ne impadronirono, alleviando così le sofferenze dovute alla scarsità di cibo, provocata dal protrarsi dell'assedio nemico.

Clelia fu celebrata dai Romani con una statua che la raffigurava a cavallo; il suo coraggio aveva colpito a tal punto gli animi dei suoi concittadini, che era sembrato loro naturale onorarla in un modo così inconsueto per una donna, il cui ruolo nella società romana era quello di governare la casa, filare la lana, occuparsi dei figli.

Per saperne di più

L'episodio di **Clelia** esalta un'eroina che assurge a questo ruolo non per virtù tipicamente femminili – alla donna romana era richiesta una condotta morale integerrima e una grande laboriosità –, ma grazie al coraggio e alle azioni intrepide che in questo genere di racconti sono solitamente prerogative di eroi maschili.
Una parziale spiegazione di ciò può essere ricercata nell'influenza esercitata sui Romani dalle consuetudini etrusche, che riconoscevano alla donna ampia autonomia e libertà.
Forse bisogna considerare che, nonostante la loro condizione di sudditanza, le donne romane avevano meno limiti che presso la civilissima Atene, dove anche nelle famiglie benestanti erano confinate all'interno del gineceo, cioè la parte più interna della casa greca che era riservata alle donne.
A Roma, infatti, già in epoca repubblicana le matrone godevano di un indubbio prestigio, che, almeno per le più ricche e privilegiate, si sarebbe trasformato in una reale autonomia e, in epoca imperiale, nell'acquisizione di un vero e proprio potere decisionale.

Coriolano, un eroe incompreso

A Roma i conflitti sociali sembravano non aver più fine. I plebei si erano ritirati sull'Aventino e minacciavano di non scendere, lasciando i campi incolti e Roma in preda a una imminente carestia.

Si decise allora di mandare alla plebe come mediatore[1] Menenio Agrippa, uomo dotato di straordinaria dialettica[2] e ben visto per le sue origini popolari. Una volta introdotto nel campo alla presenza dell'assemblea dei plebei, raccontò con stile un po' rozzo ma efficace un apologo[3] sul ruolo delle diverse membra in un organismo e riuscì a ricondurli alla ragione e a farli ritornare alle loro occupazioni abituali.

Ma l'avvenuta riconciliazione fu ottenuta anche attraverso un compromesso: la plebe avrebbe eletto propri magistrati «sacri e inviolabili», i tribuni, il cui compito sarebbe stato quello di prendere le difese di ogni cittadino plebeo, e nessun patrizio avrebbe potuto ricoprire questa carica.

Nel frattempo sul piano dei rapporti esterni Roma continuava le sue guerre contro i vicini che ne minacciavano l'esistenza. Questa volta si trattava dei Volsci, che vennero sbaragliati e dispersi e le cui città furono espugnate.

1. *mediatore*: colui che cerca di risolvere dei contrasti.
2. *dialettica*: abilità nel discutere in modo particolarmente persuasivo.
3. *apologo*: breve racconto con fini morali.

Particolarmente impegnativo si rivelò l'assedio portato a Corioli.

Mentre l'esercito romano teneva sotto stretto controllo gli abitanti rinchiusi all'interno delle mura, fu all'improvviso assalito da un contingente di Volsci partiti da Anzio e contemporaneamente sorpreso da una sortita degli assediati. Tra i giovani nobili era allora arruolato Gneo Marzio, tipo sveglio e risoluto, che in seguito alla presa di Corioli fu soprannominato Coriolano. Per caso Marzio era di guardia e con un manipolo di soldati scelti non solo sostenne la sortita nemica, ma ebbe anche il coraggio di oltrepassare la porta della città dove compì un massacro nei quartieri più vicini e appiccò il fuoco a numerosi edifici. Il panico dei cittadini, misto ai pianti delle donne e dei bambini, rinvigorì i Romani e demoralizzò i Volsci, abbattuti dalla resa della città cui eran venuti in soccorso.

Sbaragliati i Volsci di Anzio e conquistata la città di Corioli, a Marzio furono concessi grandi onori e gloria imperitura.

Quello stesso anno morì Menenio Agrippa. Inoltre, sempre in quello stesso anno, una calamità ben più grave si abbatté su Roma: la mancanza di generi alimentari, dovuta al fatto che i campi erano rimasti incolti durante la secessione[4] della plebe; e di conseguenza la fame, come succede alle città in stato d'assedio. Per gli schiavi, e soprattutto per la plebe, avrebbe voluto dire morte, se i consoli non avessero mandato degli emissari[5] a raccogliere frumento dovunque. A Roma giunse grano dalla costa etrusca a nord di Ostia, dalle coste della Magna

4. *secessione*: allontanamento.
5. *emissari*: inviati.

Grecia e addirittura dalla Sicilia, tanto lontano li aveva costretti a cercare aiuto l'odio dei popoli confinanti: e il Senato discusse il prezzo a cui avrebbe dovuto essere venduto al popolo.

Molti pensavano fosse arrivato il tempo di vendicarsi della plebe e di recuperare i diritti di cui aveva privato i senatori con le richieste seguite alla secessione.

Uno dei più accesi sostenitori di questa linea di condotta fu Gneo Marzio Coriolano, che tenne un violento discorso contro il potere dei tribuni: «Se vogliono il grano al prezzo di una volta, restituiscano ai senatori i loro antichi diritti. È mai possibile che io debba vedere dei plebei magistrati dotati di tali poteri? Quanto a lungo dovrò ancora sopportare delle infamie del genere? Io, che non avrei tollerato Tarquinio come re, dovrei sopportare ora un tribuno come Sicinio? Ci vada lui ora in secessione e si porti la plebe con sé. Si godano la carestia frutto della loro follia. Fra non molto, domati da questa piaga, preferiranno andare a lavorare i campi piuttosto che, come fecero durante la secessione, impedire con la violenza che gli altri lavorino».

Il discorso sembrò eccessivamente duro anche al Senato, mentre nei plebei suscitò una reazione così violenta da farli quasi ricorrere alle armi. Sostenevano che li si stava prendendo per fame come fossero nemici, e che li si stava privando dei generi necessari per la sopravvivenza. Ai loro occhi era lui il nuovo boia che li stava costringendo a una scelta obbligata tra la morte e la schiavitù. E l'avrebbero aggredito all'ingresso della curia[6], se i tribuni non lo avessero tempestivamente convocato in giudizio.

6. *curia*: luogo adibito alle riunioni politiche e religiose.

All'inizio Marzio stette ad ascoltare con aria sprezzante le minacce dei tribuni, sostenendo che essi non avevano alcuna autorità penale. Quando però anche il Senato, per opportunità politica, non si mostrò deciso nel difenderlo, Marzio non si presentò in tribunale e, condannato in contumacia[7], andò in esilio presso i Volsci, lanciando terribili minacce alla sua terra, verso la quale già si sentiva ostile.

I Volsci lo accolsero amichevolmente e la loro buona disposizione nei suoi confronti cresceva di giorno in giorno in proporzione al progressivo aumento della rabbia di Marzio nei confronti della sua terra d'origine, alla quale riservava ora nostalgici lamenti ora minacce furiose.

Fu a lungo ospite di Azio Tullio, una delle personalità eminenti del popolo volsco e anti-romano di antica data. Così, spinti uno dall'odio di sempre e l'altro dal recente risentimento, si proposero di intraprendere una nuova guerra contro Roma. Sapevano che sarebbe stato difficile convincere la loro gente a riprendere le armi per combattere un avversario che già li aveva sconfitti.

Progettarono tuttavia un piano che, sfruttando equivoci comportamenti dei Romani nei confronti dei Volsci, ravvivasse il rancore e gli antichi furori.

In occasione dell'inaugurazione di grandi giochi trionfali, la delegazione di Volsci presente a Roma fu sollecitata ad abbandonare la città perché ritenuta indesiderata. Con grande sdegno e sgomento, centinaia di Volsci abbandonarono in fretta Roma e, sulla via della fuga, furono accolti da Tullio con queste parole:

7. *in contumacia*: situazione di un imputato quando questi si astiene dal comparire in giudizio.

«Com'è possibile lasciar correre lo sfregio di oggi? Non vi siete accorti che il nostro disonore è stato per loro motivo di trionfo? Che le vostre mogli e i vostri figli sono sulla bocca di tutti? Che la vostra espulsione ha dato spettacolo a tutti, cittadini e stranieri e a molti dei popoli con cui confiniamo? Cosa credete che abbiano pensato se non che dovevamo aver commesso una grave colpa, per la quale, con la nostra presenza allo spettacolo, avremmo profanato[8] i giochi? E poi, non vi rendete conto che siamo vivi solo perché ce ne siamo andati in fretta? Qualche attimo in più in quella tana di nemici sarebbe costato la vita a tutti. Vi è stata dichiarata guerra: tanto peggio per chi l'ha dichiarata, se voi siete degli uomini».

Eccitati da quelle parole, rientrarono nelle proprie città e ciascuno infiammò a tal punto la propria gente da causare la rivolta dell'intero popolo dei Volsci.

All'unanimità scelsero quali comandanti in capo per quella guerra Azio Tullio e Gneo Marzio, l'esule romano nel quale riponevano grandissime speranze. E questi non li deluse: con rapide azioni espugnò piazzeforti[9] controllate dai Romani e conquistò punti strategici. Infine marciò su Roma e, dopo aver devastato l'agro[10] romano, si accampò a cinque miglia dalla città.

A Roma, solo la paura del nemico teneva uniti gli animi di tutti, anche se il Senato e i consoli non vedevano altre speranze che nelle armi, mentre la plebe avrebbe scelto qualsiasi altra soluzione piuttosto che la guerra.

Una folla di dimostranti favorevoli alla pace in un primo tempo spaventò i consoli, poi li costrinse a con-

8. *profanato*: oltraggiato, offeso.
9. *piazzeforti*: luoghi fortificati a difesa del territorio.
10. *agro*: la campagna, in particolare quella che circonda una città.

vocare il Senato perché inviasse degli ambasciatori a Gneo Marzio.

Quando si accorsero che il morale della plebe stava precipitando, i senatori accolsero la proposta di mandare a Marzio degli inviati per trattare la pace. Marzio, memore dell'ingiustizia subita in patria e dell'ospitalità offertagli in terra straniera, dimostrò che l'esilio aveva rinforzato e non infiacchito le sue energie e rispose che solo restituendo ai Volsci il loro territorio si poteva parlare di pace.

I delegati fecero un secondo tentativo ma non furono nemmeno ammessi all'interno dell'accampamento e nemmeno i sacerdoti, che si presentarono supplici con tutti i loro paramenti sacri, riuscirono a far cambiare idea a Marzio.

Fu a quel punto che le donne sposate andarono in massa a trovare Veturia e Volumnia, madre e moglie di Coriolano, e le convinsero ad accompagnarle nell'accampamento nemico: se Roma non poteva essere difesa dalle armi degli uomini, allora l'avrebbero difesa le donne con le loro lacrime e le loro suppliche.

Quando a Coriolano fu annunciata la presenza di una massiccia schiera di donne romane venute a supplicarlo di deporre le armi, egli si mostrò ostinatamente irremovibile. Poi, uno dei suoi amici più intimi, riconosciuta la figura mesta e addolorata di Veturia, ritta in piedi tra la nuora e i nipotini, gli disse: «Se non m'inganno, vedo là tua madre, tua moglie e i tuoi bambini».

Coriolano balzò come una furia dal suo sedile e corse incontro alla madre per abbracciarla. Lei però, passata dalle suppliche alla collera, gli disse:

«Fermati! Prima di abbracciarmi, voglio sapere se mi trovo di fronte a un nemico o a un figlio, se devo considerarmi una prigioniera o una madre. Ecco fino a che punto mi ha trascinato questa infelice vecchiaia: sono costretta a vederti in esilio e a presentarti come nemico. Come hai potuto devastare questa terra che ti ha generato e nutrito? Possibile che davanti a Roma non ti sia venuto in mente di pensare che dentro le sue mura c'è tutto quello che ti appartiene: casa, Penati[11], madre, moglie, figli? Se non ti avessi messo al mondo, Roma adesso non sarebbe assediata. Se non avessi avuto figli, sarei morta libera in una libera patria. Io ho toccato il fondo della disgrazia ma non ho più molto tempo per rimanerci. È a loro che devi pensare: se ti ostini nella tua follia, avranno una morte prematura o una lunga servitù».

Quindi la moglie e i figli lo abbracciarono, mentre alte si levarono dalle donne le suppliche per la salvezza loro e della patria. Alla fine il duro animo di Marzio si lasciò piegare: rassicurò la sua famiglia e la rimandò a casa.

Quanto a lui, tolse l'accampamento da sotto le mura e fece evacuare[12] le sue truppe dall'agro romano, ma la delusione e il dispetto suscitati da questa sua decisione lo portarono a cadere vittima dell'odio che, con la sua rinuncia a combattere, si era procurato.

11. *Penati*: nella religione romana, divinità protettrici della famiglia.
12. *evacuare*: ritirare, allontanare.

Per saperne di più

In questo racconto, databile intorno al 492 a.C., l'eroe appare una figura più complessa e non priva di contraddizioni, poiché, spinto dal rancore, arriva a ciò che è considerato il massimo reato secondo l'etica della Roma repubblicana: prendere le armi contro la patria.
Ecco allora emergere la figura della madre, tipica matrona romana che ama il figlio e lo richiama ai valori civili che devono guidare le azioni di un nobile romano come lui.
Sullo sfondo domina il conflitto sociale tra la classe privilegiata dei patrizi e quella dei plebei, scontro che caratterizza gran parte della storia romana e che contribuisce a determinare il destino dell'eroe.
La conclusione dell'episodio ripristina i valori tipici della tradizione romana; l'eroe, divenuto un personaggio negativo, si ravvede grazie alle nobili parole della madre e paga per quello che ha fatto e che è diventato, espiando con la morte il suo tradimento.

Cincinnato, l'uomo che non amava il potere

Il lungo dissidio con Porsenna era ormai concluso da tempo e la possibilità di un ritorno del re non rappresentava più una reale minaccia per la giovane repubblica romana, tuttavia i discendenti di Romolo non vissero mai un vero e proprio periodo di pace.

I popoli vicini, preoccupati per la crescente influenza di Roma sul Lazio, in più di una circostanza la minacciarono con le armi, progettandone la sconfitta e la sottomissione: tra gli altri, i Romani dovettero contenere l'aggressività degli Equi[1], genti bellicose[2] che erano già entrate più volte in contrasto con Roma.

Dopo una lunga serie di scontri armati, sembrava che la situazione si fosse tranquillizzata, quando, all'improvviso, gli Equi ruppero la tregua e, guidati da Gracco Clelio, calarono dai monti, irrompendo nella pianura, saccheggiando e depredando campi e villaggi.

Si attestarono, poi, sul massiccio dell'Algido, situato tra Tuscolo e Velletri, e da quella posizione minacciavano seriamente la città.

Nel frattempo ingenti forze sabine si spinsero a razziare e a devastare le campagne fin sotto le mura di Roma e in città dilagò subito il terrore. Vennero perciò arruolati due grandi eserciti: con uno di essi il console

1. *Equi*: popolazione, probabilmente di origine umbra, che risiedeva nelle zone dell'alto Aniene e del Fucino.
2. *bellicose*: dal latino «bellum» (guerra), amanti della lotta, litigiose.

Nauzio attaccò i Sabini e, sfruttando per lo più la tecnica delle incursioni notturne affidate a pattuglie armate, provocò tali devastazioni nella campagna sabina che per il momento riuscì a fermare il pericolo rappresentato da quel popolo.

Contro gli Equi l'altro console, Minucio, non ebbe, invece, la stessa buona sorte, né dimostrò analogo temperamento: aveva posto, infatti, l'accampamento non lontano dal nemico, ma timorosamente continuava a tenervi dentro le truppe, senza dar segno di voler attaccare. Quando gli Equi se ne resero conto, sfruttando i timori dell'avversario, nel cuore della notte assalirono audacemente l'accampamento romano e lo circondarono con fortificazioni. Ma prima che ogni via d'uscita potesse essere preclusa, cinque cavalieri riuscirono a incunearsi[3] attraverso le postazioni nemiche e a portare a Roma la notizia che il console e l'esercito erano stretti d'assedio.

L'evento, tanto inatteso quanto funesto, provocò in città il panico e lo smarrimento: fu come se i nemici assediassero Roma stessa. Il console Nauzio venne richiamato a proteggere Roma, ma siccome la sua presenza non sembrava sufficiente, si era diffusa l'idea di nominare un dittatore[4] capace di rimediare a quella situazione critica. Tutti si trovarono d'accordo sul nome di Lucio Quinzio Cincinnato, che era stato console due anni prima e aveva la fama di uomo onesto e soldato capace.

Vennero inviati dei messi alla sua ricerca, ma l'uomo sembrava irreperibile.

3. *incunearsi*: penetrare, infilarsi tra.

4. *dittatore*: magistrato romano previsto in casi di eccezionale pericolo per la patria.

Infine Lucio Quinzio, unica speranza per il popolo romano, fu trovato nel suo appezzamento di quattro iugeri[5] al di là del Tevere: vestito modestamente, Cincinnato stava arando personalmente il proprio campo.

Dopo uno scambio di saluti, gli venne chiesto di mettersi la toga e di ascoltare quello che il Senato gli mandava a dire, sperando che ciò si risolvesse nel bene suo e in quello della repubblica. Ripulitosi dalla polvere e rivestitosi, si presentò davanti ai messi che lo acclamarono e lo invitarono a tornare in città per affrontare l'allarmante situazione in cui versava l'esercito in questo difficile momento per la repubblica. Preceduto dai littori[6] e accompagnato da una folla plaudente[7], venne quindi scortato nella sua casa in città. Accorsero numerosi anche i plebei, ma non gioirono troppo alla vista di Quinzio, perché ritenevano eccessivo il potere dittatoriale e troppo autoritario l'uomo a cui quel potere era stato affidato. Quella notte in città non si fece altro che vegliare.

Il giorno successivo il dittatore giunse nel Foro prima dell'alba e presentò all'assemblea il suo nuovo comandante di cavalleria, sospese l'attività giudiziaria, ordinò la chiusura di tutte le botteghe cittadine e vietò a chiunque di occuparsi di qualsiasi faccenda privata.

Diede ordine che tutti coloro che erano in età militare si presentassero in Campo Marzio con armi, viveri per cinque giorni e dodici paletti a testa. A quelli che per l'età troppo avanzata non erano in grado di prestare servizio militare, ordinò di preparare del cibo caldo per

5. *iugeri*: misure agrarie romane corrispondenti a circa 2500 mq.

6. *littori*: nell'antica Roma, ufficiali che avevano il compito di scortare autorità civili e militari.

7. *plaudente*: che applaudiva, festante.

coloro che erano mobilitati[8]. Così, una volta organizzati gli uomini in modo da averli pronti tanto alla marcia quanto al combattimento, il dittatore in persona si mise a capo delle legioni[9], mentre il comandante di cavalleria andò a porsi alla testa dei suoi cavalieri. L'ordine era di accelerare il passo, perché bisognava fare presto per arrivare a contatto col nemico entro la notte. Così dall'esercito in marcia si udivano alzarsi incitamenti ed esortazioni e i soldati gridavano tra loro frasi come «Portabandiera, accelera!» o «Uomini, seguitemi!».

A mezzanotte arrivarono sull'Algido e, intuendo di essere ormai prossimi al nemico, si fermarono.

Per quanto si potesse vedere di notte, il dittatore andò a cavallo a ispezionare l'estensione e la conformazione dell'accampamento, quindi con l'intero esercito inquadrato in lunghe colonne circondò il campo nemico. Diede ordine che tutti, a un determinato segnale, gridassero con quanta voce avevano in gola e piantassero un paletto di fronte alla propria posizione.

L'urlo tremendo e improvviso che si levò seminò il terrore tra gli Equi ma rincuorò i Romani assediati: il console capì che non c'era un minuto da perdere e ordinò ai suoi di prendere le armi e di gettarsi sul nemico. Con un poderoso urlo di risposta fecero capire alle legioni del dittatore che anche dalla loro parte il combattimento era cominciato.

Gli Equi, aggrediti dagli assediati, furono duramente impegnati fino all'alba a contenere le truppe del console, mentre alle loro spalle la costruzione della fortificazione procedette indisturbata per il resto della notte.

8. *mobilitati*: chiamati alle armi.
9. *legioni*: le più grandi unità dell'esercito romano.

Quando si fece giorno, gli Equi si accorsero di essere chiusi tra il vallo del dittatore e le truppe del console, e che, sfiniti dalla battaglia notturna, a malapena sarebbero riusciti a tener testa a un solo esercito. Fu allora che gli uomini di Quinzio, tornati rapidamente alle armi dopo aver ultimato la costruzione, si scagliarono contro il nemico. Gli Equi, pressati dalla doppia minaccia che incombeva su di loro e passati dall'assalto armato alle più disperate implorazioni, presero a supplicare il dittatore e il console di non trasformare la vittoria in un massacro, ma di lasciarli andar via di lì senza le armi.

Cincinnato impose loro di condurre davanti a lui in catene il comandante Gracco Clelio e gli altri capi, e di evacuare la città di Corbione; disse che del sangue degli Equi poteva benissimo fare a meno, che avrebbe concesso loro di andarsene, ma che dovevano subire l'infamia di passare sotto il giogo, come gesto di totale sottomissione al popolo romano. Venne perciò allestito un giogo con tre aste: due erano piantate nel terreno, mentre la terza era legata di traverso sopra le altre: sotto a questo giogo il dittatore fece passare gli Equi.

A Roma, il Senato ordinò a Quinzio di fare un ingresso trionfale in città con le sue truppe: davanti al carro del dittatore vennero fatti avanzare i comandanti nemici e le insegne militari conquistate, dietro sfilava l'esercito, carico di bottino. Si racconta che di fronte a tutte le case fossero state imbandite delle tavole e che i soldati, innalzando l'inno trionfale e scambiandosi le tradizionali battute mentre marciavano festosi, seguissero il carro come se fossero in piena baldoria.

A sedici giorni di distanza dalla nomina, Quinzio rinunciò alla dittatura che aveva assunto per un semestre. Chi lo avesse cercato, lo avrebbe trovato insieme alla moglie, la modesta e virtuosa Racilia, nel suo campicello oltre le mura cittadine. Cincinnato, deposta ogni insegna di comando e indossati gli abiti decorosi ma modesti del contadino, era tornato a lavorare la terra come quando erano giunti da lui gli inviati del Senato per acclamarlo dittatore. Ma la fatica, la polvere e il sudore non potevano cancellare dal suo volto l'orgogliosa serenità di chi, dimentico del proprio tornaconto[10], aveva usato il potere nell'interesse superiore della propria città e dei propri concittadini.

Per saperne di più

Elementi centrali dell'episodio sono l'onestà e la condotta disinteressata di un uomo che accetta una carica importantissima senza approfittare dei poteri che gli vengono attribuiti, poiché concepisce la partecipazione alla vita politica come servizio pubblico e non come mezzo per realizzare interessi privati. La lezione che se ne ricava conserva ancor oggi la sua validità, perché la politica deve sempre essere considerata un modo per servire la collettività. Nel racconto la carica ricoperta da **Cincinnato** è quella di dittatore; ma bisogna ricordare che per i Romani la dittatura non aveva un significato negativo, legato all'esercizio di un potere assoluto attuato con la forza e in violazione delle leggi dello Stato. Implicava, invece, una regolare e legale attribuzione a un uomo di poteri straordinari per un periodo di tempo limitato, non superiore ai sei mesi, da esercitarsi in situazioni particolarmente difficili o pericolose per lo Stato (attacchi di nemici, guerre ecc.).

10. *tornaconto*: interesse personale.

Dentro il testo

L’eroe nell’antica Roma

Due gemelli e una lupa

● COMPRENDERE E ANALIZZARE

1. Sulla base delle informazioni contenute nel racconto, ricostruisci la genealogia dei due gemelli Romolo e Remo.

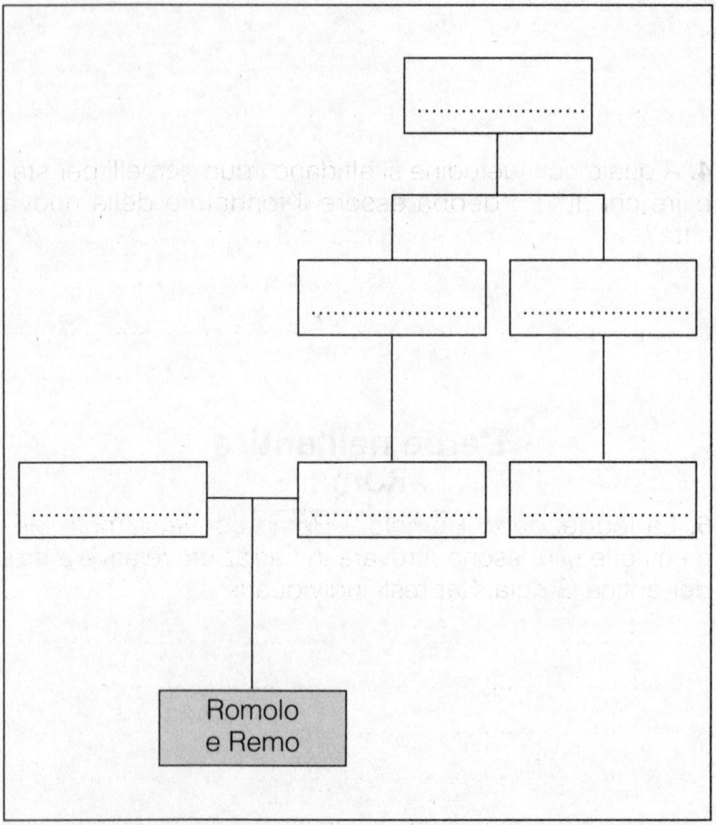

2. Perché Amulio costringe la nipote a farsi vestale? ......

....

....

....

....

3. Da chi vengono salvati i gemelli Romolo e Remo e da chi, poi, sono allevati? ....

....

....

....

....

4. A quale consuetudine si affidano i due gemelli per stabilire chi di loro debba essere il fondatore della nuova città? ....

....

....

....

....

....

5. La leggenda di Romolo e Remo contiene molti elementi che si possono ritrovare in narrazioni relative a eroi dell'antica Grecia. Sapresti individuarli? ....

....

....

....

....

....

Le Sabine, eroine di pace

● COMPRENDERE E ANALIZZARE

1. Perché la mancanza di donne rappresenta un problema per la nascente città di Roma? ....

....

....

2. In che modo e utilizzando quali astuzie i Romani pensano di risolvere la questione? ....

....

....

....

3. Metti in evidenza come, nel racconto, uomini e donne assumano atteggiamenti contrapposti nei confronti della guerra.

....

....

....

4. Quale fenomeno storico è rappresentato dall'episodio del ratto delle Sabine?

- ☐ L'integrazione di gruppi etnici diversi a formare un'unica realtà sociale.
- ☐ Il contrasto insanabile tra gruppi separati da un diverso grado di civiltà.
- ☐ Le difficoltà di comunicazione tra appartenenti a gruppi sociali diversi.

Orazi e Curiazi, un sacrificio di fratelli

● COMPRENDERE E ANALIZZARE

1. A quale soluzione si affidano Romani e Albani per evitare il protrarsi di una guerra lunga e sanguinosa? ....

....

2. Con quale dinamica si sviluppa il combattimento? ......

....

....

3. A quali risorse fa appello l'ultimo Orazio per far fronte alla difficile situazione in cui si è venuto a trovare? ....

....

....

4. Quale evento luttuoso «rovina» la festa ai Romani? .....

....

5. Da questo evento si può capire come nell'antica Roma:

- ☐ l'amor di patria prevalga anche sugli affetti familiari
- ☐ la dedizione alla famiglia richieda il sacrificio del più debole
- ☐ la vendetta risulti giustificata se fatta in nome della patria

6. Quali consuetudini legate al diritto e alla giustizia si possono ricavare dalle vicende narrate? ....

....

Bruto, il falso sciocco

● COMPRENDERE E ANALIZZARE

1. L'episodio dell'improvvisa apparizione del serpente dimostra come Tarquinio:

☐ sia preoccupato per la sua salute e veda pericoli ovunque

☐ abbia fondato una casta di sacerdoti e interpreti di sogni

☐ sia superstizioso e sensibile di fronte a eventi straordinari

2. Perché Bruto accetta che gli altri lo considerino uno sciocco? ....

....

....

....

....

....

3. Spiega perché la profezia dell'oracolo riguardante la «Madre» può essere considerata ambigua.

....

....

....

....

....

4. Qual è l'oggetto del contendere che porta i comandanti romani a sfidarsi durante l'assedio di Ardea? ....

....

....

....

....

5. Quali contrapposti atteggiamenti delle donne determinano la vittoria di Collatino?

- Comportamento di Lucrezia ....

....

....

- Comportamento di altre matrone romane ....

....

....

6. Quali sentimenti spingono Sesto Tarquinio a compiere il suo gesto scellerato contro Lucrezia? ....

....

....

....

....

7. Quali virtù vengono esaltate nella figura di Lucrezia?

....

....

....

....

DENTRO IL TESTO

Orazio Coclite, la solitudine dell'eroe

● COMPRENDERE E ANALIZZARE

1. In quale contesto storico avviene l'episodio che vede protagonista Orazio Coclite? ....

....

....

....

....

....

2. In che modo Orazio Coclite si comporta eroicamente al ponte Sublicio? ....

....

....

....

....

....

3. In nome di quali valori Orazio mette a rischio la propria vita? ....

....

....

....

....

....

DENTRO IL TESTO

Muzio Scevola, il disprezzo del dolore

● COMPRENDERE E ANALIZZARE

1. In quale situazione critica si è venuta a trovare Roma?

....

....

2. Che cosa spinge il giovane Muzio a tentare l'impresa di uccidere Porsenna? ....

....

....

3. Quale equivoco determina il fallimento del piano di Muzio? ....

....

4. Con quale gesto Muzio impressiona Porsenna quando si trova al suo cospetto? ....

....

5. Che cosa vuole dimostrare Muzio con il suo gesto? ....

....

6. Quale aspetto della vicenda, in particolare, spinge Porsenna a scendere a patti con Roma?

☐ La determinazione dei giovani Romani nel perseguire il loro obiettivo.

☐ La debolezza del suo esercito.

☐ L'insicurezza che lo circonda.

Clelia, una fanciulla intrepida

● COMPRENDERE E ANALIZZARE

1. Per quale motivo Clelia e le compagne si trovano nell'accampamento etrusco? ....

....

2. Quali sentimenti animano Clelia e le fanciulle nel pianificare la loro fuga? ....

....

3. Quali ostacoli e difficoltà esse affrontano nella loro impresa? ....

....

....

4. Come reagiscono i Romani al ritorno di Clelia e delle altre fanciulle? Quali principi guidano il loro comportamento?

....

....

5. Perché Porsenna libera definitivamente Clelia? ....

....

....

6. In quale modo i Romani riconoscono il valore di Clelia?

☐ Dedicandole una statua equestre.

☐ Nominandola sacerdotessa a vita.

☐ Attribuendole onori divini.

Coriolano, un eroe incompreso

● COMPRENDERE E ANALIZZARE

1. Perché il protagonista è chiamato con il soprannome di Coriolano? ....

....

....

2. In quale circostanza emerge tutto il disprezzo di Coriolano per la plebe? ....

....

....

3. Per quali motivi anche il Senato, di composizione aristocratica, non prende decisamente le parti di Coriolano?

....

....

4. Su quali sentimenti fa leva Azio Tullio per spingere la sua gente a riprendere le armi contro Roma? ....

....

....

....

5. A quali argomenti fa ricorso la vecchia madre Veturia per indurre Coriolano a desistere dai suoi propositi bellicosi? ....

....

....

Cincinnato, l'uomo che non amava il potere

● COMPRENDERE E ANALIZZARE

1. Quale particolare situazione induce i Romani a nominare un dittatore? ....

....

....

2. Da quali immediate decisioni di Cincinnato si capisce che il dittatore aveva praticamente un potere assoluto?

....

....

DENTRO IL TESTO

3. I plebei nutrono qualche timore in merito alla nomina di un dittatore. Ciò dimostra:

- ☐ la mancanza di fiducia che essi hanno nei confronti di questa carica
- ☐ la preoccupazione di veder limitate le libertà civili
- ☐ il desiderio di essere loro a decidere delle sorti di Roma

4. Quali risultati ottiene Cincinnato con la sua azione militare? ....

....

5. A quali ideali e valori di vita si ispira la scelta di Cincinnato di ritornare a vita privata? ....

....

....

● E PER FINIRE...

1. Quali personaggi pronunciano le seguenti parole?

«Non siamo ricchi e abbiamo già molti figli, ma due bocche in più non ci manderanno certo in rovina; gli dèi ci saranno grati, se avremo misericordia verso queste creature innocenti in favore delle quali loro stessi sono intervenuti in modo tanto prodigioso!» ....

«Care amiche, penso che siamo tutte d'accordo nel considerare deplorevole il rapimento compiuto dai Romani a nostro danno; tuttavia è anche vero che ora vivremmo una condizione felice, se non fossimo tormentate da questa interminabile guerra in cui a battersi sotto i nostri occhi sono i nostri padri, fratelli e mariti. Dobbiamo porre fine a questa intollerabile violenza; dobbiamo intervenire con coraggio e determinazione.» ....

«Non c'è motivo per cui i nostri eserciti debbano continuare a combattersi e i nostri giovani più validi a morire in un conflitto senza fine; così facendo finirà che ci stermineremo a vicenda e alla fine avremo l'onore di regnare su una moltitudine di cadaveri! Troviamo, dunque, un modo per risolvere la nostra contesa e proclamare un popolo vincitore senza dover prolungare questa logorante e inutile guerra!» ....

«Sono disonorata nel corpo, ma gli dèi sanno che sono pura nell'animo e ciò sarà testimoniato dalla mia morte!»

....

«Questa volta, o re, la sorte ti è stata benevola, ma sappi che da oggi in poi dovrai prepararti a difendere la tua vita in ogni momento del giorno e abituarti all'idea di trovare un nemico armato già nel vestibolo della reggia.» ....

«Se non avessi avuto figli, sarei morta libera in una libera patria. Io ho toccato il fondo della disgrazia ma non ho più molto tempo per rimanerci. È a loro che devi pensare: se ti ostini nella tua follia, avranno una morte immatura o una lunga servitù.» ....

2. Che cosa succede in questi luoghi?

- Sul colle Palatino ....

....

....

- Sulla rupe Tarpea ....

....

....

- Al ponte Sublicio ....

....

....

- Nell'accampamento di Porsenna ....

....

....

- In un podere al di là del Tevere ....

....

....

3. Abbina tra loro protagonisti e antagonisti.

Romolo	Curiazi
Tullo Ostilio	Collatino
Sesto	Remo
Orazi	Porsenna
Muzio Scevola	Mezio Suffezio

4. Quali personaggi minori si nascondono dietro le seguenti sintetiche definizioni?

• Un provvidenziale pastore ....

....

• Una donna pratica e coraggiosa ....

....

• Un finto tonto ....

....

• Un padre segnato dai lutti ....

....

• Una vecchia madre provata dalla vita ....

....

5. In quale storia svolgono il loro ruolo i seguenti oggetti o animali?

• Una statua femminile equestre ....

....

• Un mostruoso serpente ....

....

• Un braciere ....

....

• Un volo di avvoltoi ....

....

6. A quali delle vicende narrate si riferiscono le seguenti particolari situazioni?

• Un duello estenuante ....

....

• Un'ambigua profezia ....

....

• L'inaugurazione di giochi trionfali ....

....

• Un singolare furto di massa ....

....

• Una insana passione ....

....

• Un esercito assediante e assediato ....

....

L’eroe medievale

Dopo la caduta dell'Impero Romano d'Occidente, avvenuta nel 476 d.C., in Europa si andò formando un nuovo tipo di società, dominato dallo spirito guerresco proprio delle nuove genti di stirpe germanica che avevano occupato le terre dell'antico impero e che i Romani definivano «barbare».

Contemporaneamente la fede cristiana, che si era diffusa anche tra queste popolazioni, ne andava attenuando la ferocia e la rozzezza dei costumi, mentre riprendeva vigore l'ideale riferimento all'antica Roma, la cui potenza politica e militare era ormai tramontata ma il cui fascino permaneva.

Questo nuovo panorama vide sbriciolarsi l'unità del periodo romano, durante il quale tutte le popolazioni dell'impero avevano parlato e scritto una sola lingua, il latino, e avevano condiviso gli stessi costumi e le stesse abitudini di vita.

Gradualmente ma inesorabilmente, sia per effetto dei nuovi popoli che si affacciavano alla ribalta europea, quali gli Ostrogoti, i Visigoti, i Franchi, i Longobardi ecc., sia per il riemergere delle tradizioni di popoli preesistenti alla conquista romana (come i Galli o i Celti), cominciarono a prendere forma le identità nazionali e in questo contesto la letteratura epica, rielaborando i temi dell'antica tradizione orale, creò indimenticabili figure di eroi.

I personaggi eroici dell'epica medievale erano legati al mondo della cavalleria, l'istituzione che metteva le armi al servizio dei più deboli e indifesi e il cui codice di comportamento era stato definito anche con il contributo della Chiesa. Vi appartenevano i figli cadetti (ossia i figli maschi non primogeniti) di famiglie aristocratiche, i quali, non potendo ereditare il feudo, si dedicavano alla guerra, ricorrendo però all'uso delle armi solo per perseguire fini nobili.

Nacquero così, protagoniste dei romanzi cavallereschi, le figure di cavalieri senza macchia e senza paura, come Roland (Orlando), personaggio del ciclo di Carlo Magno e dei suoi gloriosi e fidati paladini; ma anche di cavalieri meno integri e più sensibili al fascino femminile, come Lancillotto, uno dei cavalieri della Tavola Rotonda del ciclo bretone; mentre nello spagnolo Cantar del mio Cid *veniva esaltato l'impegno del protagonista nella lotta per la riconquista della penisola iberica occupata dai Mori.*

È un mondo caratterizzato da lotte, da duelli, da tradimenti, da imprese che sembrano al limite delle capacità umane, in cui i protagonisti sono chiamati a dimostrare forza e coraggio eccezionali, spesso sotto la spinta di un forte sentimento religioso. Nelle vicende arturiane, in particolare, accanto a elementi cristiani permane anche un residuo dell'antica religiosità pagana (con la presenza di maghi, fate e incantesimi) e viene dato ampio spazio all'«amor cortese», quel sentimento che, vissuto nell'atmosfera raffinata delle corti, si manifesta come espressione di nobiltà d'animo e di dedizione totale alla donna amata.

Orlando, il paladino senza macchia e senza paura

Nel felice e glorioso tempo in cui il grande sovrano Carlo Magno aveva riunito sotto il suo vessillo gran parte della cristianità, dodici grandi e nobili eroi lo aiutavano a difendere la loro terra da attacchi stranieri. Tra i paladini spiccava per valore Rolando o Orlando, figlio di Bertranda, l'adorata sorella di Carlo; rimasto orfano di padre in tenera età, era stato educato dallo zio, che gli aveva conferito il titolo di conte e, in considerazione del suo carattere leale e coraggioso, lo aveva inserito nel glorioso gruppo dei fedelissimi di corte.

Fedele agli ideali cavallereschi, Orlando era sempre al servizio di vedove e orfani e si distingueva in battaglia a fianco dello zio; la fama sempre più vasta e l'amore rendevano lieta la sua esistenza, dopo che un solido e felice legame lo aveva unito ad Alda la bella, la dolce sorella del suo amico e compagno d'armi Oliviero.

La vita del prode Orlando sembrava perfetta, ma un'ombra inquietante ne turbava la luminosità: il patrigno, il duca Gano di Magonza, che aveva sposato in seconde nozze la madre di Orlando, invidiava profondamente al figliastro paladino la forza, la stima che il sovrano nutriva verso di lui e il posto di prestigio che ricopriva a corte. Questo sentimento lo rodeva e l'aveva portato a concepire vergognose trame di vendetta.

Era in corso da sette anni una sanguinosa guerra tra l'esercito cristiano, guidato da Carlo Magno, e il re mu-

sulmano Marsilio[1], sovrano di Saragozza in Spagna; i cristiani stavano conducendo un lungo assedio ai danni della città iberica e il re, vedendo le proprie truppe stremate, avanzò proposte di pace, promettendo ai

1. *Marsilio*: re degli Arabi, detti anche Mori, che occuparono vaste zone della penisola iberica per secoli, fino al termine della Reconquista, la lotta di liberazione dei principi cristiani completata da Ferdinando d'Aragona e Isabella di Castiglia, nel 1492, con la caduta di Granada.

Franchi grandissime ricchezze e la propria conversione al cristianesimo, se l'esercito di Carlo avesse lasciato la Spagna.

Nel consiglio dei paladini radunato dal sovrano franco emersero diverse posizioni; Orlando, temendo un inganno, era contrario alla trattativa, mentre Gano consigliò al re di accettare.

«Sarebbe da sciocchi» ebbe a dire il duca «non considerare una simile offerta.» «Chi vi consiglia di non accettare» e qui Gano rivolse uno sguardo beffardo a Orlando «parla per orgoglio, ma noi dobbiamo mostrarci saggi e non folli!»

Alla fine, forse anche a causa della stanchezza generale, la proposta di Gano risultò vincente e Carlo decise di trattare e di inviare un'ambasceria a Marsilio.

Si doveva stabilire, dunque, chi porre a capo della delegazione da mandare nel campo dei Mori: un compito delicato e pericoloso, qualora le intenzioni di Marsilio si fossero manifestate ingannevoli e malvagie. Per diversi motivi vennero esclusi i nomi di molti illustri paladini, come il vescovo-cavaliere Turpino, il saggio duca Namo di Baviera e lo stesso conte Orlando. Fu proprio questi che, all'ennesima richiesta di Carlo di indicare una persona adatta alla missione, esclamò: «Si mandi il mio patrigno, Gano!».

Costui trasalì e fu preso da sgomento; Orlando lo capì e ne rise, scatenando in lui una rabbia violenta e un insanabile desiderio di vendetta. I paladini assentirono[2] e Gano dovette accettare l'incarico e allontanarsi a malincuore dai luoghi in cui si esercitava il potere.

2. *assentirono*: diedero il proprio consenso.

Da quel momento cominciò a covare in cuor suo un risentimento talmente profondo nei confronti di Orlando da spingersi a compiere il più terribile atto che un vassallo e cavaliere potesse contro il suo signore e il suo popolo: il tradimento.

Pur di causare la morte di Orlando, Gano prese accordi con il re moro Marsilio: costui finse di accettare la pace alle condizioni imposte dai Franchi e indusse le milizie cristiane a tornare in patria. Il grosso dell'esercito marciava da giorni ed era coperto alle spalle dalla retroguardia[3] a comandare la quale, su esortazione proprio di Gano, era stato messo Orlando.

Quando le truppe guidate dal paladino si trovarono a valicare i Pirenei nella stretta gola di Roncisvalle, centinaia di migliaia di Saraceni attaccarono i ventimila cavalieri franchi: la superiorità numerica dei nemici non avrebbe lasciato loro scampo.

Il prode Oliviero si rese immediatamente conto dei rischi che la situazione presentava ed esortò il paladino a considerare l'enorme sproporzione tra le forze in campo e a richiamare l'esercito di Carlo Magno.

«Valoroso Orlando, da' fiato al tuo fedele olifante[4]; la sua voce, che corre veloce come il vento, giungerà al nostro sovrano e darà il segnale che noi abbiamo bisogno di lui. Non c'è più tempo, ormai. Il nemico ci sovrasta. Solo il tuo prodigioso corno ci potrà salvare; se le truppe franche non torneranno indietro in nostro soccorso, per noi sarà la fine!»

3. *retroguardia*: parte dell'esercito che è posta alle spalle del grosso dell'armata, per proteggerne la ritirata.
4. *olifante*: corno da guerra ricavato da una zanna d'elefante, che sapeva emettere un suono potentissimo e che Orlando portava sempre con sé.

Il consiglio dimostrava tutta l'assennatezza di Oliviero e per tre volte lo ripeté a Orlando, ma il conte era troppo fiero e nobile per seguirlo; non voleva mettere in pericolo il sovrano e gli altri Franchi, né passar per vile e infamare la sua famiglia e la Francia intera.

Così il paladino non suonò l'olifante, mentre l'arcivescovo Turpino, pio uomo di chiesa e valoroso combattente, andava benedicendo i prodi guerrieri prima che si gettassero nella mischia e ricordava loro i nobili ideali per cui stavano andando a morire. E poi iniziò la battaglia.

La lotta fu eroica e impari; i Franchi combatterono come furie, i nemici atterrati e uccisi furono numerosi, ma alla fine nulla poté il valore contro la superiorità numerica. A uno a uno caddero anche i valorosi compagni di Orlando e il conte, che sentiva ormai le forze venirgli meno, capì che era giunto il momento di ricorrere all'olifante: il re sarebbe venuto per vendicarli.

Diede fiato al corno con quanta forza aveva in corpo: le cime e le valli risuonarono, e l'eco giunse lontano, fino a Carlo. Questi si preoccupò che su, tra i monti, ci fosse battaglia.

«Non è possibile» s'affrettò a dire Gano. «Sapete quanto orgoglioso sia Orlando e quanta voglia abbia di esibire il suo valore di fronte alle schiere, non sia mai che chieda aiuto.»

Il terreno era pieno di cadaveri intorno a Orlando e il conte sentiva la morte ormai vicina: suonò di nuovo il suo corno e lo fece dolorosamente ma con tanta forza che gli scoppiarono le tempie.

Udendo il secondo richiamo, Carlo esclamò preoccupato: «Non lo suonerebbe, se non stesse combattendo».

«Sappiamo tutti com'è Orlando; quante volte ha dato fiato al corno per niente! Avrà trovato una lepre e ora è tutto preso dalla caccia. Non vale davvero la pena di tornare indietro» lo apostrofò[5] il vile Gano.

Il conte Orlando aveva la bocca sanguinante, la testa gli scoppiava, la vista gli si oscurava: raccolse le ultime energie e per la terza volta lanciò il suo cupo grido di dolore e d'aiuto.

Non c'erano più dubbi: il saggio Namo di Baviera, smascherando il perfido traditore Gano, sollecitò Carlo a ritornare sui suoi passi per portare soccorso a Orlando disperato.

Intanto nella gola di Roncisvalle il conte si trascinò a fatica su un poggio che guardava verso la Spagna, perché nessuno potesse dire in futuro che il prode Orlando fosse fuggito dinanzi ai nemici; qui stramazzò al suolo esanime. Un Saraceno lo vide e credendolo morto gli fu sopra.

«Ormai il nipote di Carlo è vinto! Porterò con me in Arabia la sua spada!» gridava a squarciagola, mentre cercava di strappargli la prodigiosa Durlindana[6].

Ma cantò vittoria troppo presto, perché il conte ebbe un soprassalto, si accorse dell'aggressore e con un poderoso colpo di corno ne fracassò l'elmo, uccidendolo.

Per evitare che la preziosa Durlindana, compagna fedele di tante imprese, potesse cadere in mani nemiche e indegne, Orlando cercò di mandarla in pezzi, assestando tremendi colpi su rocce e massi e gridando: «Oh, mia preziosa Durlindana, con te ho combattuto tante battaglie e ho conquistato le terre che ora governa Car-

5. *apostrofò*: interpellò con tono di rimprovero.
6. *Durlindana*: la spada del paladino Orlando.

lo dalla barba bianca. Dopo essere stata la fedele compagna del più prode paladino di Francia tu, che nella tua impugnatura rechi reliquie di santi, non dovrai cadere in mani di pagani o di vigliacchi».

Ma tutto fu inutile: la Durlindana, spada prodigiosa portata dagli angeli a Carlo, e da questi donata al prode Orlando, non si spezzava, ma nemmeno si scheggiava.

Ormai sfinito e sentendosi la morte addosso, Orlando si coricò all'ombra di un pino, dopo aver nascosto sotto il proprio corpo la spada e il corno. Ripensava alla sua vita di glorioso paladino, alla bella Alda, allo zio Carlo, ai compagni di tante imprese, alla cara terra per cui era caduto e si affidava alla misericordia di Dio. Tendendo il suo guanto destro verso il cielo[7], stava rimettendo l'anima nelle mani di Colui al cospetto del quale si sarebbe presentato a render conto delle sue infinite debolezze di uomo.

E dal cielo scesero gli angeli di Dio: Gabriele[8] a raccogliere il guanto; l'arcangelo Michele e un angelo cherubino[9] a portare l'anima del conte in Paradiso.

Al sopraggiungere dell'esercito franco la disfatta era consumata: la piana di Roncisvalle era una distesa di caduti cristiani e mori. A Carlo non restò che piangere la perdita del valoroso e amato nipote e vendicarne la do-

7. *tendere il guanto verso il cielo*: Orlando si rivolge, in questo frangente, a Dio, con lo stesso gesto con il quale il vassallo prometteva fedeltà al suo signore. Il rapporto tra Dio e l'uomo viene qui vissuto e presentato nell'ottica tipica della società feudale.

8. *Gabriele*: l'arcangelo Gabriele era l'angelo dell'annunciazione a Maria e, in genere, il tramite tra Dio e gli uomini.

9. *arcangelo... cherubino*: Michele era un arcangelo combattivo e, a capo degli angeli fedeli a Dio, aveva contrastato la ribellione di Lucifero; era, dunque, un angelo particolarmente adatto per un eroe come Orlando. I cherubini, invece, appartenevano alle più alte gerarchie celesti.

losa[10] morte, prima incalzando e sconfiggendo i Mori e, poi, avuta prova del tradimento di Gano, punendolo con il disonorevole supplizio dello squartamento[11].

Ma tutto ciò non diede gran conforto a Carlo, poiché non restituì né a lui né ai Franchi il prode Orlando, il perfetto cavaliere senza macchia e senza paura.

Per saperne di più

La *Chanson de Roland* fa parte del cosiddetto Ciclo carolingio, cioè di quella serie di canzoni di gesta o poemi cavallereschi, scritti nel XII secolo in lingua *d'oil*, una delle lingue volgari che si svilupparono in Francia nel Basso Medioevo (la lingua *d'oil* si diffuse nel Nord della Francia, mentre la lingua *d'oc* si sviluppò nella Provenza e nelle regioni del Sud), che avevano come tema le imprese di Carlo Magno e dei suoi valorosi paladini.
La *Chanson* fu scritta intorno al 1075, nel periodo in cui si stavano diffondendo quei sentimenti che portarono alle prime crociate contro i musulmani, anche se gli eventi narrati risalgono all'VIII secolo. Essa rappresenta dunque una rilettura dei contrasti tra Cristiani e Mori alla luce di una mentalità posteriore di tre secoli.

➤

10. *dolosa*: provocata con l'inganno.
11. *squartamento*: pena che consisteva nello smembrare il corpo del condannato attraverso la violenta trazione dei quattro arti legati a cavalli, che venivano poi spinti in direzioni diverse.

Vi sono, comunque, elementi storici che stanno alla base dell'episodio della morte di **Orlando**. Dalla *Vita Karoli* (Vita di Carlo) dello storico Eginardo sappiamo, infatti, che, di ritorno in Francia dopo il fallito assedio alla città di Saragozza, nel 778, la retroguardia dell'esercito di Carlo fu realmente attaccata al passo di Roncisvalle, benché probabilmente da predoni baschi e non da un numeroso esercito saraceno.
Vi fu, dunque, una riscrittura dell'episodio sia per conferire a esso maggior importanza sia per reinterpretarlo alla luce del forte contrasto che caratterizzava i rapporti tra Cristiani e Mori al tempo delle crociate.
Orlando rappresenta il perfetto eroe cavalleresco, teso a un ideale di perfezione in cui dominano valori come il coraggio, la lealtà, la fedeltà al proprio signore e al proprio Dio.
In questa ottica **Gano**, l'antagonista di Orlando, è il «perfetto» antagonista, poiché rappresenta il traditore, il fellone, colui che viene meno al patto di fedeltà con il proprio signore, reato gravissimo in una società come quella feudale basata su stretti vincoli personali.
Nel caso di Gano la fellonia è, per di più, amplificata, perché si esercita ai danni del sovrano, dell'esercito stesso, del popolo franco, della cristianità nel suo insieme, e trae origine da motivazioni personali spregevoli, come la gelosia e l'invidia.
L'identificazione tra il protagonista e la figura del perfetto cavaliere è evidenziata dal particolare rapporto tra Orlando e la sua spada Durendal o Durlindana, che viene quasi personificata, e a cui il paladino si rivolge con le modalità cortesi che potrebbe utilizzare nei confronti di una dama.

L'ascesa di Artù

Nel tempo in cui la Britannia, non più dominata dai Romani, era esposta alle aggressioni dei feroci Sassoni e rischiava di cadere in preda al disordine e alla barbarie, salì al trono Artù, un re le cui imprese prodigiose e i cui ideali di giustizia e pace sarebbero divenuti valori di riferimento non solo per i suoi contemporanei, ma anche per gli uomini dei secoli successivi.

Artù ebbe un'infanzia molto travagliata, perché dovette subire le conseguenze di una nascita avvenuta fuori dalla legittimità del matrimonio.

Suo padre, Uther Pendragon, Gran Re di Britannia e difensore del suo popolo dagli attacchi dei Sassoni, si era innamorato follemente di Igraine, la bella moglie di Gorlois, duca di Cornovaglia. Grazie all'aiuto del potente mago Merlino, Uther aveva preso le sembianze di Gorlois, che si trovava allora in guerra, e aveva potuto amare Igraine.

Merlino aveva, però, posto una condizione alla concessione del suo aiuto: avrebbe fatto sì incontrare Uther con la bella Igraine, ma avrebbe voluto per sé il figlio che fosse nato dalla loro unione.

In seguito, morto Gorlois, Uther sposò Igraine e la donna gli svelò che, credendo di giacere con suo marito, ella aveva concepito un figlio che stava per nascere.

Uther le confessò di essere il padre del nascituro e le rivelò la promessa fatta al mago. Quando il piccolo Artù vide la luce fu consegnato a Merlino, che a insaputa di tutti lo affidò a un cavaliere, sir Hector, il quale lo educò insieme al figlio Kay, di qualche anno maggiore del piccolo principe, senza rivelarne a nessuno la vera identità.

Anni e anni dopo, quando Uther era già morto e la Britannia era in preda al caos, con tanti piccoli sovrani in continua guerra tra loro e i Sassoni che imperversavano con le loro scorrerie, il giovanissimo e dimenticato Artù riapparve in modo singolare alla ribalta della storia, il giorno in cui suo fratello adottivo Kay doveva essere investito cavaliere[1].

Mentre la cerimonia stava per iniziare, il giovane Artù, che faceva da scudiero al fratello, si accorse di aver dimenticato la spada che doveva porgere a Kay nel corso dell'investitura; così si diede a cercare un'arma che potesse servire allo scopo.

Lì nei pressi, in un luogo considerato sacro fin dai tempi degli antichi Celti, vi era una roccia entro cui era infilata una spada, che tutti consideravano dotata di straordinarie virtù. Narrava una leggenda che chi fosse riuscito a estrarla sarebbe stato il re designato da Dio al governo dell'intera Britannia.

Molti cavalieri celebri per il loro valore in battaglia e molti principi di sangue nobile avevano tentato di estrarre la spada dalla roccia, ma nessuno, per quanti sforzi avesse fatto, vi era mai riuscito.

Nel suo concitato girovagare alla ricerca di una spada, Artù si trovò a passare davanti al masso e, senza pensare troppo a quel che faceva, con incoscienza giovanile afferrò l'elsa[2] della spada e provò a trarla a sé. Docilmente la lama prese a muoversi e a uscire dalla

1. *investito cavaliere*: l'investitura era la cerimonia ufficiale con cui un giovane diventava cavaliere.
2. *elsa*: impugnatura.

roccia e in pochi attimi Artù si trovò la spada magica tra le mani.

«Non sono riuscito a trovare la tua spada, ma ti ho portato quella della roccia» disse al fratello, liberandola dal lembo del mantello sotto cui l'aveva nascosta.

Sir Hector, che conosceva bene la leggenda di Excalibur, la spada prodigiosa, chiese al ragazzo dove l'avesse trovata ed egli rispose innocentemente: «Me ne occorreva una per l'investitura di Kay, ho visto alla grande roccia questa e ho pensato di prenderla!».

«Va' immediatamente a rimetterla dove l'hai trovata» fu l'ordine perentorio[3] del padre e il giovanetto andò a riconficcare la spada nella roccia con la stessa facilità con cui l'avrebbe immersa nell'argilla.

Sir Hector chiamò, allora, i nobili e i cavalieri giunti per la cerimonia dell'investitura, fece venire l'arcivescovo e chiese che il suo figlio più giovane, non ancora cavaliere, avesse la possibilità di fare la prova.

Alla presenza di centinaia di occhi increduli Artù, con grande naturalezza, sfilò la spada dalla roccia e la consegnò al vescovo. I baroni rumoreggiarono all'idea di doversi sottomettere a un ragazzetto di così basso lignaggio[4], ma l'arcivescovo intonò il *Te Deum*[5] e li rimproverò duramente, affermando che Dio sapeva leggere nel cuore di ognuno e misurarne il valore.

Tuttavia per vincere ogni ritrosia e incredulità fece rinfilare da Artù la spada nella pietra e pretese che i nobili ripetessero i loro tentativi: tutti ci provarono, ma nessuno riuscì nell'impresa.

3. *perentorio*: che non ammette obiezioni.
4. *lignaggio*: stirpe, origine, discendenza.
5. *Te Deum*: canto religioso di ringraziamento.

Chiesero e ottennero, però, che la spada rimanesse al suo posto fino alla Candelora[6].

Venne la Candelora e la spada era ancora là; decisi a non piegarsi, i baroni ottennero un'altra proroga fino a Pasqua. Ma anche a Pasqua la prova ebbe lo stesso esito e allora si rassegnarono a riconoscere in Artù l'eletto del Signore: in presenza di una folla piangente e osannante, il ragazzo si inginocchiò per l'ultima volta davanti alla roccia e sfilò la spada.

Fu unto e consacrato re e cominciò a governare sulla Grande Britannia, alimentando gelosia e invidia in coloro che avevano sperato di poter salire al trono, ma anche una rinnovata speranza di pace e giustizia in chi era vittima di quei tempi bui e turbolenti.

Undici tra i più potenti baroni del regno mantennero nei confronti di Artù un atteggiamento di aperta ribellione e dopo qualche tempo giunse alla loro presenza un vecchio dalla barba bianca e dall'aspetto austero: era Merlino.

«Signori, tutti conoscete la leggenda e ciò dovrebbe bastarvi per riconoscere in questo giovane il sovrano e la guida che da tempo attendiamo; ma sappiate che il ragazzo è di nascita più nobile di ciascuno di voi. Non è il figlio più giovane di sir Hector, ma è nato da Uther Pendragon, il cavaliere del drago e l'ultimo, indimenticato, valoroso Gran Re di tutta la Britannia.»

E mostrando gli scritti del defunto re, andò raccontando tutta la storia di Uther e Igraine.

«Non potremo mai sottometterci a un bastardo» replicarono i baroni, schernendosi di quanto avevano ap-

6. *Candelora*: festa religiosa della purificazione della Vergine che si celebra all'inizio di febbraio.

preso da Merlino e riunirono le loro forze per attaccare il castello, ove Artù si era rinchiuso con i suoi fedelissimi e una gran massa di popolani che l'appoggiavano.

L'arcivescovo salì, allora, sulle mura e scomunicò tutti coloro che avevano preso le armi contro il re; Merlino con le sue magie portò lo scompiglio nell'accampamento nemico e, quando fece scoppiare un incendio che si propagò alle tende e ai carriaggi[7], le truppe di Artù rapidamente uscirono in massa dal castello. Lo scontro fu tremendo e il re, brandendo[8] Excalibur, pareva una folgore che colpiva rapida, ora qui ora là, senza lasciare scampo ai suoi avversari. La folla del popolo si gettò nella mischia armata di asce, mazze e bastoni: il suo impeto fece indietreggiare lo schieramento nemico, che ben presto si diede alla fuga.

Sconfitti i vassalli ribelli, Artù dedicò le sue straordinarie doti di comandante militare e di re alla costruzione di un regno nel quale tutti potessero vivere in armonia e i più deboli fossero difesi da soprusi e violenze. Consigliato dal saggio mago Merlino, riuscì a riunire presso di sé un gruppo di cavalieri, valorosi, pieni di forza e coraggio, ma anche animati da nobili sentimenti e pronti non soltanto a combattere per il proprio re e per la propria terra, ma disposti a prendere le difese di vedove e orfani.

Tutto preso dalle guerre e dai problemi del regno, Artù aveva poco tempo per l'amore, ma un giorno conobbe una fanciulla bellissima, che lo colpì per il suo aspetto, per la grazia del suo portamento e per la dol-

7. *carriaggi*: insieme dei carri e del relativo materiale caricato, al seguito delle truppe.
8. *brandendo*: impugnando e tenendo alta.

cezza dei suoi gesti: era Ginevra, figlia di Leodegrance di Cameliard.

Prima di chiederla in moglie, Artù si consigliò con il saggio Merlino e questi gli diede uno strano parere: «Sire,» disse «senza dubbio Ginevra è bella, buona e dolce e possiede tutte le virtù che un uomo e un re possono desiderare per la loro sposa e regina, ma se il vostro cuore non è già completamente preso da lei, lasciate che vi trovi un'altra fanciulla che sia degna di farvi da sposa. Ciò sarebbe meglio per il vostro futuro e la vostra felicità».

«Il mio cuore è già conquistato!» affermò il re.

«Allora non vi è altro da aggiungere, perché è inutile cercare di dissuadere un uomo innamorato!» concluse Merlino.

Così Artù sposò Ginevra con una solenne cerimonia; il padre della fanciulla fu felice e onorato di una simile scelta da parte del Gran Re di Britannia e volle offrire ad Artù, come dono di nozze, la Tavola Rotonda, un ampio tavolo in cui i commensali potevano sedersi senza distinzione di rango e sentirsi partecipi di un destino comune.

Così Artù tenne la sua corte a Camelot e attorno alla Tavola Rotonda si radunarono periodicamente i più nobili e valorosi cavalieri del tempo, animati tutti da un comune ideale di giustizia. I cavalieri di Artù erano periodicamente chiamati ad avventurose ricerche di cose, persone o luoghi particolari e rimanevano a lungo lontani da Camelot.

Ciò rattristava il re, che di tanto in tanto sentiva riecheggiare nella mente, come una triste predizione, le ambigue parole pronunciate da Merlino, quando gli aveva annunciato la sua intenzione di sposare Ginevra.

Per saperne di più

La notissima leggenda di **re Artù** e dei **cavalieri della Tavola Rotonda** è stata tramandata e ripresa in tempi e modi diversi.
Le sue versioni più conosciute in ambito letterario si ricollegano alla cosiddetta «materia di Bretagna», nella quale i contenuti legati alle antiche tradizioni pagane celtiche della Britannia insulare e della Bretagna francese si intrecciano con elementi cristiani e con la figura, forse in parte storica, di un condottiero locale, vissuto al tempo della caduta dell'Impero Romano, che avrebbe difeso la Britannia dall'assalto dei Sassoni.
Le versioni più diffuse della leggenda di Artù fanno riferimento a opere dell'XI e XII secolo (*La storia del Santo Graal*, *Storia di Merlino*, *La ricerca del Santo Graal*, *La morte di re Artù* ecc.). L'autore forse più celebre di poemi cavallereschi, facenti parte del cosiddetto ciclo arturiano, fu il francese Chrétien de Troyes, attivo tra il 1160 e il 1190 e scrittore di opere in lingua *d'oil* (l'antico francese), tra le quali ricordiamo: *Erec et Enide*, *Lancelot ou Le chevalier de la charrette* (Lancillotto o Il cavaliere della carretta), *Yvain ou Le chevalier au lion* (Ivano o Il cavaliere del leone), *Perceval ou Le conte du Graal* (Perceval o Il racconto del Graal).
In tutte le epoche, comprese quelle più vicine a noi, Camelot, re Artù e i cavalieri della Tavola Rotonda sono divenuti i simboli della ricerca di un ideale di giustizia, pace e fratellanza, forse un po' illusorio, ma ricco di fascino.

Lancillotto e Ginevra, un amore infelice

Alla corte di re Artù si riunivano i cavalieri più coraggiosi e valenti dell'epoca, giungendo da terre vicine e lontane. Tra i più illustri si ricordano sir Kay, fratello adottivo di re Artù, nominato siniscalco reale[1], i fratelli Balin e Balan, Galvano, Griflet, Ulfius, Pellinore e molti altri ancora.

Ma il più famoso di tutti fu Lancillotto del Lago, noto per le sue straordinarie imprese cavalleresche, per le sue grandi virtù e, più tristemente, per la sua tragica storia d'amore.

Lancillotto ebbe un destino segnato fin da fanciullo: perduti i nobili genitori mentre era ancora piccolissimo, era stato allevato da una potente fata[2], la Dama del Lago, e il mago Merlino gli aveva profetizzato un futuro di gloria e di supremazia su tutti i cavalieri del re.

Lancillotto ricevette un'accurata educazione e divenne un perfetto cavaliere, forte, coraggioso, leale, cortese nei modi, sempre pronto a combattere contro i prepotenti, a difendere i deboli e gli oppressi e a corteggiare le dame. Entrò a far parte del gruppo dei cavalieri della Tavola Rotonda e in breve si distinse per le sue qualità

1. *siniscalco reale*: amministratore della casa reale.
2. *fata*: le fate erano creature semidivine, molto presenti nella tradizione celtica e poi riprese nelle fiabe. Il ciclo arturiano, a differenza delle canzoni di gesta franche, presenta spesso elementi magici e personaggi come maghi, streghe, fate, inseriti in un contesto pagano.

superiori, tanto da essere considerato non solo il più valente cavaliere della corte di Camelot, ma addirittura il migliore del mondo.

Nessuno si stupì, quindi, nel rilevare quanto Artù lo stimasse come cavaliere e quanto lo considerasse come amico; la sua frequentazione a corte era assidua e anche la regina Ginevra cominciò a mostrare una spiccata predilezione per Lancillotto.

Secondo le norme dell'amor cortese[3], durante i tornei un cavaliere portava sulla lancia il fazzoletto della sua dama e combatteva in suo nome: Lancillotto era diventato il cavaliere ufficiale della regina e combatteva per lei. Nessuno trovava da ridire su ciò, poiché questo comportamento, purché mantenuto entro i limiti di un rapporto puro, senza alcun coinvolgimento carnale, era considerato non soltanto ammissibile ma un doveroso e onorevole servizio nei confronti di una dama di nobile stirpe e meravigliose virtù. E chi lo era più di Ginevra?

Per parecchio tempo Lancillotto ricoprì il duplice ruolo di fedele suddito e amico del re e di «campione» della regina in ogni torneo cavalleresco; ma l'assidua frequentazione portò i sentimenti di Lancillotto e di Ginevra a mutare, dapprima in modo graduale e quasi inconsapevole, poi in maniera sempre più profonda e coinvolgente.

A far evolvere precipitosamente la situazione contribuì un episodio drammatico.

3. *amor cortese*: amore idealizzato, basato su un alto concetto della donna, vista come la signora del cuore dell'uomo, all'interno di un rapporto molto simile a quello feudale. Questa concezione dell'amore si sviluppò nelle corti (da qui il termine) nel XII secolo, soprattutto nella Francia meridionale, e fu celebrato nella poesia provenzale in lingua *d'oc*. L'amor cortese è elemento dei romanzi cavallereschi del ciclo arturiano.

Un perfido cavaliere, Meleagant, che era in conflitto con Lancillotto e da sempre era acerrimo nemico di re Artù, un giorno rapì la regina Ginevra e la fece rinchiudere in una fortezza.

Sir Galvano, prode cavaliere nipote di re Artù, si mise alla ricerca della regina e, strada facendo, s'imbatté in uno sconosciuto cavaliere, reduce da uno sfortunato scontro con Meleagant. Sul loro cammino incontrarono un nano, che conduceva una carretta.

Lo sconosciuto cavaliere gli si avvicinò e gli chiese: «Nel nome del Signore, nano, hai forse visto passare di qui la regina?».

«Sali su questa carretta» disse il nano «e prima di domani saprai dove potrai trovarla.»

Bisogna sapere che quella era la carretta della vergogna: quando si voleva punire un assassino o un brigante lo si faceva montare sulla carretta e lo si portava in giro, esponendolo allo scherno[4] dei passanti. Qualunque cavaliere vi fosse salito, sarebbe stato disonorato e considerato da tutti un vile e un uomo dappoco. Perciò il cavaliere esitò, combattuto tra le ragioni del cuore che lo spingevano a salire e quelle dell'onore che lo trattenevano a terra.

«Mi giuri che, se vi monto, mi porterai dalla regina?» chiese al nano il cavaliere sconosciuto.

«Domani mattina te la farò vedere» replicò il nano.

Allora lo sconosciuto vinse ogni esitazione e balzò sulla carretta.

Invano Galvano cercò di dissuaderlo: il patto con il nano era stipulato e la sua reputazione di cavaliere

4. *scherno*: derisione.

compromessa. Alloggiarono in un castello ove Galvano riuscì a scoprire la vera identità dello sconosciuto compagno di viaggio: era Lancillotto che, disperato per non esser riuscito a impedire il rapimento di Ginevra, si era messo sulle sue tracce per liberarla dalla sua prigionia.

Una damigella del castello condusse i due cavalieri in prossimità della fortezza nella quale era rinchiusa la regina e indicò loro le due strade da percorrere per raggiungerla: una che portava al Ponte sommerso e l'altra che conduceva al Ponte della spada.

Galvano scelse il primo cammino e Lancillotto imboccò il secondo.

Fu uno sforzo disumano procedere su quel ponte, formato da una gigantesca lama tagliente sospesa su acque oscure, fredde e vorticose. Da una finestra della torre, Ginevra osservava con ansiosa trepidazione l'impresa del cavaliere e quando costui, ferito alle mani ma ancora in forze, giunse in capo al ponte e si adagiò a sedere sotto le mura della fortezza, il suo cuore le disse che quel cavaliere doveva essere Lancillotto.

Il coraggio dimostrato in questa impresa gli guadagnò il rispetto di re Baudemagu, padre di Meleagant, che si dichiarò disposto a concedergli la regina e a liberare i sudditi di Artù che teneva prigionieri. Il perfido Meleagant, invece, fu irremovibile: se Lancillotto voleva ottenere tutto ciò, doveva scontrarsi a duello con lui e uscirne vincitore.

Lo spiazzo davanti al castello fu il terreno dello scontro e, al suono del corno, fu un cozzare di lance, un tuonare di colpi, un rimbombare di armature. Simili a cinghiali furenti, i due si gettarono uno addosso all'altro, si colpirono, vacillarono, frantumarono armi e scudi, si fermarono spossati per poi riprendere con cieca ferocia.

Le ferite alle mani facevano soffrire Lancillotto, ma la maglia ferrata di Meleagant si andava arrossando di sangue per le numerose ferite: quando il buon re Baudemagu vide il figlio, stremato, in balìa del suo avversario, fece sospendere lo scontro dichiarando Lancillotto vincitore.

«Signora, ecco il cavaliere che a sì gran prezzo vi ha conquistato» disse il re, introducendo Lancillotto nelle stanze della regina.

«Se tanto ha fatto per me, è stata fatica sprecata» rispose Ginevra con grande freddezza e distacco, uscendo dalla stanza e lasciando il cavaliere incredulo e sbalordito.

Non riuscendo a capire le ragioni che avevano spinto la regina ad assumere quell'atteggiamento così scostante, Lancillotto si lasciò prendere dallo sconforto più profondo e decise di ripartire alla ricerca di Galvano, perché restare in quelle condizioni accanto all'amata lo faceva soffrire troppo.

Pochi giorni dopo la sua partenza si sparse la notizia della sua morte.

Quando tale voce giunse alle orecchie della regina, Ginevra cadde svenuta e, in preda a un angoscioso rimorso, per tre giorni rifiutò cibo e acqua, lasciandosi consumare da un inconsolabile dolore.

A Lancillotto che, pur avendo corso grandi pericoli, era in realtà ancora vivo, giunse notizia che la regina era morta. Si sarebbe tolto la vita, tanto la disperazione gli aveva sconvolto la mente, ma l'incontro con il buon re Baudemagu dissolse ogni equivoco e i due innamorati, riprese improvvisamente le forze e la voglia di vivere, s'incontrarono in un'atmosfera di gioiosa tenerezza e si rivelarono il reciproco amore.

«Perché, mia amata signora, quando, pieno di gioia, vi ho liberato mi avete parlato così duramente? Quale colpa ho commesso per essermi meritato un simile trattamento? Ditemelo, e cercherò di riparare a costo della vita!»

«Di fronte alla carretta non avete esitato forse? Era quello l'amore che mi portavate? Ciò mi ha indotto a non parlarvi, ma ora siete del tutto assolto e perdonato» gli rispose Ginevra.

«Io vi ringrazio, signora, e avrei tante cose da raccontarvi; ma ditemi se non sia possibile che vi parli con maggior agio.»

«Venite a parlarmi a quella finestra, questa notte, quando tutti dormiranno» gli propose la signora.

Venne la notte e Lancillotto, nel silenzio del castello, raggiunse la regina nelle sue stanze. Ginevra lo attendeva, bellissima, ricoperta di un mantello scarlatto[5] sopra la candida veste. Si abbracciarono e provarono grande gioia e piacere, dopo aver tanto sofferto.

Quando il mattino dovette lasciare colei che amava, Lancillotto avvertì una grande sofferenza: s'inginocchiò davanti alla sua dama per prendere congedo ma, mentre il suo corpo si allontanava, il suo spirito restava lì accanto a lei.

L'amore di Lancillotto e Ginevra divenne di giorno in giorno più forte e impetuoso; la regina e il cavaliere cercarono tuttavia di combattere contro il loro stesso sentimento, poiché entrambi provavano affetto e devozione nei confronti di Artù e gli dovevano fedeltà, in quanto loro signore e sovrano. Tuttavia, l'amore che li legava era signore e padrone dei loro cuori.

5. *scarlatto*: di colore rosso vivace.

Più volte essi cercarono di allontanarsi l'uno dall'altra, ma ogni tentativo fu vano. Lancillotto, contrastando i suoi stessi sentimenti, tentò di dimenticare Ginevra, sposandone una lontana parente, la dolce lady Elaine, che molto somigliava fisicamente alla cugina, ma tutto fu inutile.

Alla fine Lancillotto, dopo la precoce morte della moglie, che gli aveva dato un figlio, Galahad, fu richiamato a corte dai suoi doveri di cavaliere e tornò a Camelot dove, inevitabilmente, l'antica fiamma riprese a divampare.

La situazione precipitò poiché i due amanti non riuscivano più a nascondere la loro passione, che divenne oggetto di chiacchiere sempre più insistenti da parte di molti membri della corte, cavalieri gelosi del successo di Lancillotto e dame invidiose del rango e del fascino di Ginevra. Artù per molto tempo non volle dar credito a quelle voci, che sempre più insistenti gli giungevano alle orecchie.

«Lancillotto, valoroso cavaliere e mio caro amico, è il campione della regina e si batte nei tornei in suo onore, com'è consuetudine cortese» diceva il re a chi insinuava dubbi. «Tutto ciò non solo è lecito, ma è un onore che Lancillotto fa a me e alla mia regina!»

Così diceva il nobile sovrano, tentando di nascondere anche a se stesso i dubbi che andavano turbando il suo cuore, quando sorprendeva i due in atteggiamenti che facevano pensare a un rapporto ben diverso da quello che avrebbe dovuto unire una dama al suo campione.

Artù era sempre più angosciato di fronte alle chiacchiere alimentate dalle sue due sorellastre, Morgause e Morgana, figlie della stessa madre del sovrano, Igraine, e del suo primo marito, Gorlois, duca di Cornovaglia;

né poteva contare sui consigli e sul conforto del saggio Merlino, perché il potente mago era misteriosamente scomparso dalla corte.

Fu dunque sir Galvano, il nipote di Artù, uno dei cavalieri di cui egli più si fidava, che denunciò al re il tradimento di Lancillotto, dopo aver scoperto gli amanti in flagrante[6].

Quando Artù dovette arrendersi davanti alla cruda realtà, fu colto da una grande ira: la sua adorata moglie, colei a cui aveva confidato i propri pensieri, i propri progetti, le proprie ansie, la dolce Ginevra, tanto religiosa, tanto attenta e rispettosa, lo aveva tradito. E con chi? Con il suo più valoroso cavaliere, il suo più caro amico, quello nelle cui mani avrebbe senz'altro affidato il proprio onore di sovrano.

I due amanti si erano macchiati di una duplice colpa nei confronti del marito e amico e nei riguardi del loro signore e re, a cui avevano giurato fedeltà.

Lancillotto dovette lasciare la corte di re Artù, questa volta non per scelta personale, ma per salvarsi dall'ira del sovrano, e Ginevra rischiò di morire sul rogo, come moglie colpevole di tradimento.

Salvata dalla morte per intervento dello stesso Lancillotto, che riuscì a liberarla e a portarla con sé, dapprima pensò di poter vivere finalmente il suo amore, ma ben presto sia lei sia Lancillotto compresero che il rimorso per il dolore arrecato ad Artù avrebbe impedito loro ogni felicità. Così la regina decise di ritirarsi in un convento, per trascorrere i suoi ultimi anni pregando per il marito, per il popolo che governava e per Lancillotto, il suo amore impossibile.

6. *in flagrante*: sul fatto, mentre commettevano il fatto.

Intanto l'amicizia tra il saggio sovrano Artù e il prode cavaliere Lancillotto, su cui era stata costruita la felice esperienza di Camelot, un regno fondato sulla giustizia e sulla solidarietà, si era logorata e inaridita.

Nonostante il suo potere e le sue ricchezze, Artù si sentiva sempre più solo; ciò rese lui e il suo regno più esposti a ogni tipo di attacco e di questa situazione approfittò Mordred, il nipote del re, il figlio di Morgana.

In realtà Morgana, esperta nelle antiche arti magiche, ambiziosa e insoddisfatta del suo ruolo marginale di sorellastra del re, perché priva di vero sangue regale, per anni aveva intessuto sortilegi e intrighi ai danni di Artù e Ginevra.

Era alfine riuscita con un incantesimo a concepire un figlio con lo stesso Artù, senza che il fratello fosse cosciente di quello che avveniva: il figlio che da lei nacque era Mordred, il quale, data la sterilità di Ginevra, era anche l'unico figlio vivente del re.

Ambizioso come la madre e non contento del ruolo ufficiale di nipote del sovrano, Mordred non perdonò mai al padre il fatto di non averlo riconosciuto come figlio ed erede al trono. Ora che la corte di Camelot vacillava e un futuro incerto si prospettava per la corona, Mordred, spinto dalla madre, radunò al suo comando un potentissimo esercito e marciò contro il re e i cavalieri della Tavola Rotonda.

A Mount Badion la battaglia tra i due schieramenti fu terribile: al termine degli scontri non vi furono né vincitori né vinti. Il campo di battaglia era una distesa di cadaveri e i due protagonisti, Artù e Mordred, padre e figlio, stremati e sanguinanti, fronteggiandosi in un estremo duello all'ultimo sangue si trapassarono l'un l'altro.

La battaglia non vide superstiti tra i grandi cavalieri, ma un giovane scudiero, risparmiato dalla sorte, disse che il corpo esanime[7] di Artù era stato raccolto su una piccola imbarcazione, a bordo della quale vi erano tre dame velate, ed era stato condotto nel magico regno di Avalon, la terra incantata in cui il tempo non scorreva e i miti sembravano realtà.

Qualcuno raccontò che Excalibur, la straordinaria spada di Artù, fu lanciata nelle acque di un lago e una mano femminile, forse quella della Dama del Lago, emerse tra le onde per prenderla e custodirla fino a quando un altro uomo degno di impugnarla fosse ricomparso sulla terra; altri dissero che la spada fu portata nel convento in cui si era rifugiata Ginevra e che fu lei, non una creatura fatata, a custodirla.

E Lancillotto?

Quando seppe della battaglia tra il suo sovrano e Mordred, comparve nel mezzo della mischia, combattendo con il consueto valore e ardimento in difesa di Artù e del sogno rappresentato da Camelot.

Cadde in battaglia accanto al suo re, uniti un'ultima volta in difesa di quel mondo ideale fatto di amicizia, giustizia e solidarietà che insieme avevano cercato di costruire. Tutto ciò lo riconciliò con i suoi valori di cavaliere e di cristiano e lo purificò dalla colpa, anche se, riverso sul campo di battaglia, il Cavaliere del Lago, prima di chiudere gli occhi per sempre, invocò per l'ultima volta l'amata Ginevra.

7. *esanime*: senza vita.

Per saperne di più

La storia di **Lancillotto** e **Ginevra** e del loro infelice amore è raccontata da Chrétien de Troyes, ma è stata ripresa in molte altre opere, come, nel *Lancelot*, scritto nella prima metà del Duecento.
La vicenda non si caratterizzava solo per le connotazioni sentimentali, ma coinvolgeva anche il rapporto di amicizia tra Artù e Lancillotto, e denunciava il tradimento «politico» nei confronti del sovrano. In effetti l'episodio, con le sue diverse implicazioni, ben si prestava a essere proposto dapprima nelle corti e in seguito alla borghesia comunale, a un pubblico sia maschile sia femminile.
L'amore tra Lancillotto e Ginevra era caratterizzato dai classici elementi della tradizione cortese, che considerava perfettamente lecito il rapporto di devozione tra un cavaliere e una dama non legati da un vincolo matrimoniale. Diventava però un vero e proprio tradimento, portatore di lutti e rovina, se l'esperienza d'amore era vissuta anche carnalmente.
Nella *Divina commedia* Dante Alighieri riprende questa vicenda amorosa nel canto V dell'*Inferno*, quando racconta l'esperienza dolorosa di Paolo e Francesca. Il poeta presenta l'Amore come forza cui non ci si può sottrarre e che, anziché nobilitare, porta all'infelicità e alla colpa.
Così Francesca racconta a Dante le circostanze in cui i due amanti scoprirono e rivelarono il sentimento d'amore che fino a quel momento avevano negato anche a loro stessi:

Noi leggiavamo un giorno per diletto
di Lancillotto come amor lo strinse;
soli eravamo e sanza alcun sospetto.
Per più fïate li occhi ci sospinse
quella lettura, e scolorocci il viso;
ma solo un punto fu quel che ci vinse.

Quando leggemmo il disïato riso
esser basciato da cotanto amante,
questi, che mai da me non fia diviso,
la bocca mi basciò tutto tremante.
Galeotto fu 'l libro e chi lo scrisse:
quel giorno più non leggemmo avante.

Sulla fine di Artù e di Camelot sopravvivono numerose e diverse versioni.
In ogni caso, accanto alla tragedia legata alla morte di re Artù e alla fine del sogno rappresentato da Camelot e dai cavalieri della Tavola Rotonda, spicca l'elemento magico, che sembra attestare come l'eroe e i suoi seguaci dopo la morte siano consegnati a una vita eterna nel mondo del mito e della leggenda e siano destinati a divenire il simbolo di un mondo ideale, fondato sulla giustizia, sull'onore e sulla fratellanza.
Tutte le narrazioni della vicenda di Ginevra e di Lancillotto mettono in luce come un amore colpevole, che superi i limiti consentiti dalla tradizione cortese, sia votato alla rovina; pur nel loro errore, i due amanti sono, tuttavia, presentati come figure intense e ricche di umanità per la consapevolezza del dolore che hanno arrecato ad altri con il loro amore impossibile.

Tristano e Isotta, uniti nell'amore e nella morte

Un amore grande, infelice e per certi aspetti simile a quello di Lancillotto e Ginevra fu quello che legò due tragici amanti: il valoroso, cavalleresco Tristano e la bella Isotta dai biondi capelli.

Tristano, nato da Rivalen e Biancofiore, rimase orfano giovanissimo e fu allevato dallo zio, re Marco di Cornovaglia[1], che lo considerò come un figlio e lo amò moltissimo. Tristano crebbe alla sua corte sotto la guida del saggio Governal, che gli insegnò le arti guerresche e quelle virtù morali che dovevano ispirare le azioni di un vero cavaliere; divenne forte e abile nelle armi, ma il suo animo nobile e puro amava la musica e la poesia.

Quando il giovane già aveva iniziato a distinguersi nei tornei, un guerriero proveniente dall'Irlanda, terra di uomini feroci ed eterna nemica della Cornovaglia, il fortissimo Morholt, cugino del re irlandese, con un gruppo di suoi guerrieri invase il regno di Marco, ne sconfisse l'esercito e impose alla Cornovaglia un pesante tributo: molti giovani e molte fanciulle sarebbero stati mandati come schiavi in Irlanda.

Le famiglie colpite da questa imposizione caddero in preda alla disperazione per la perdita dei loro figli e il paese si trovò improvvisamente più povero, privato delle sue forze migliori.

1. *Cornovaglia*: penisola occidentale della Gran Bretagna.

Il carico di prigionieri stava per essere imbarcato verso i lontani lidi irlandesi, quando il giovane Tristano si fece avanti, sfidando a duello Morholt.

Re Marco tentò, per la verità, di fermare il nipote, poiché la lotta tra il gigantesco guerriero e l'inesperto giovane gli sembrava impari, ma tutti i tentativi di bloccare lo scontro furono inutili, tanto Tristano appariva deciso e risoluto.

Un'isola collocata di fronte all'austero castello di Tintagel, residenza ufficiale del re, fu il teatro dello scontro: Tristano era forse meno robusto, ma risultò più abile nello sferrare i colpi e nell'evitarli, mettendo a frutto le lezioni di Governal.

Tra lo stupore di tutti, il duello si concluse con l'uccisione di Morholt.

Prima di morire, Morholt era però riuscito a ferire Tristano con una freccia avvelenata e il giovane, credendosi in punto di morte, chiese ai suoi fidi di imbarcarlo, una volta che fosse spirato, su una nave e di abbandonarla alla deriva. Tristano sbiancò e si lasciò cadere in una specie di torpore; sembrava veramente morto e la sua volontà fu eseguita, secondo un rito che nell'antichità era già stato usato per re ed eroi.

L'imbarcazione vagò attraverso l'oceano e raggiunse le coste dell'Irlanda: qui fu scorta dalla figlia del re Languis, Isotta dai biondi capelli, così chiamata per la bellissima chioma dorata. Quando la nave fu tratta a riva e rivelò il suo particolare carico, la giovane principessa rimase affascinata dalla bellezza del giovane naufrago e fu presa da entusiastica felicità nell'accorgersi che egli non era morto e che poteva essere curato.

Isotta aveva perso in giovanissima età la madre e aveva vissuto con la matrigna, una famosa guaritrice, considerata da alcuni una maga, apprendendo da lei le tecniche per curare molte malattie.

Si dedicò così a Tristano e per giorni e giorni lo assistette in una capanna lontana dal castello paterno. La giovane si sentiva sempre più attratta dal naufrago straniero e anche Tristano guardava con ammirazione e desiderio crescente la fanciulla, ma, avendo capito di trovarsi in territorio irlandese, con lodevole prudenza non le rivelò la sua identità e le raccontò di essere un mercante e di chiamarsi Tantris.

Dopo essere guarito e aver ripreso le forze, Tristano, consapevole dei suoi doveri verso il suo re e il suo popolo, tornò in Cornovaglia portando con sé il ricordo della bella guaritrice di cui non conosceva il nome.

In patria il giovane diede numerose prove del suo valore e divenne sempre più caro al potente zio, che non aveva moglie e, nonostante le sollecitazioni dei sudditi, non sembrava interessato al matrimonio.

Un giorno un uccello scese dal cielo e si fermò accanto al re, lasciando cadere dal becco un capello tanto biondo da sembrare d'oro; il re ne fu talmente affascinato che dichiarò di essere disposto a sposare solo una fanciulla dotata di una chioma di tale colore.

Gli fu allora riferito che Isotta, figlia del re d'Irlanda, aveva capelli di tal genere e da quel momento il re non ebbe pace: «Isotta dai biondi capelli deve essere mia a ogni costo!» dichiarò. In lui agiva il fascino del capello dorato, ma, forse, anche il calcolo politico dell'indubbio vantaggio di un'alleanza tra la Cornovaglia e l'Irlanda.

A richiedere in sposa la giovane, il re inviò il nipote Tristano, che si trovò di fronte a un compito non proprio semplice: infatti, il sovrano irlandese aveva promesso in sposa la figlia a colui che avesse vinto un terribile drago.

Il giovane cavaliere, non nuovo a simili eroiche imprese, riuscì a sconfiggere il mostruoso animale e ottenne la mano di Isotta ma non per sé, come forse avrebbe voluto, bensì per lo zio sovrano di Cornovaglia.

Tristano e Isotta, qualunque fosse il sentimento che provavano l'uno per l'altra, non avrebbero commesso niente di scorretto, ligi[2] com'erano alle regole del loro ambiente, e forse l'avrebbero conservato in silenzio nel loro cuore, se il destino e la magia non avessero ingigantito ogni loro sentire, facendoli impazzire d'amore.

Ciò accadde perché la regina d'Irlanda, esperta nelle antiche arti magiche, decise di intervenire per favorire l'amore tra la sua cara Isotta e il lontano e sconosciuto promesso sposo tramite un filtro d'amore potentissimo, che avrebbe indissolubilmente legato l'uomo e la donna che l'avessero bevuto.

La regina affidò a Brangania, fedele ancella di Isotta e a Governal, precettore di Tristano, due fiaschi d'argento contenenti il filtro, con la raccomandazione di farlo bere ai due sposi la sera delle nozze.

Durante la traversata che stava conducendo Tristano e Isotta in Cornovaglia, i due giovani passavano il loro tempo a giocare a scacchi e furono presi da gran sete. Chiesero da bere e sia Governal sia Brangania, per sbaglio, versarono loro dai due fiaschi il filtro d'amore; dapprima lo bevve d'un fiato dalla sua coppa Tristano, poi dal proprio calice lo bevve anche Isotta, che lasciò cadere sul pavimento qualche goccia, subito raccolta da una cagnolina assetata.

2. *ligi*: rispettosi.

Il filtro fece subito effetto: la cagnolina prese a scodinzolare in modo frenetico, mentre i due giovani abbandonarono il gioco degli scacchi per abbracciarsi e manifestare quell'amore che li avrebbe accompagnati per tutta la vita, conducendoli a un tragico destino.

Brangania e Governal si accorsero della loro disattenzione e si disperarono, ma ormai era tardi per rimediare.

Quando la nave sbarcò in Cornovaglia, la bellissima Isotta fu acclamata da tutto il popolo e re Marco fu felice di avere una sposa tanto seducente, ma nel cuore della giovane non vi era alcun posto per il maturo sovrano: ella pensava solo al dolce Tristano.

La cerimonia nuziale fu fastosa[3] e i festeggiamenti si protrassero fino a notte, e fu allora che Isotta convinse la devota Brangania a prendere il suo posto nel letto nuziale: re Marco non si accorse di nulla, poiché le luci erano state spente e la fanciulla era molto simile nelle fattezze[4] alla sua padrona.

In tal modo Isotta si mantenne fedele a Tristano, che considerava il suo vero sposo, e il re continuò a non sospettare nulla, anche se alcuni maliziosi cortigiani, notando gli sguardi che i due giovani si scambiavano, cercarono di rendere manifesto al sovrano il tradimento dei due amanti.

Una volta un maligno nano di corte avvertì il re di un segreto incontro tra i due in un boschetto; il sovrano si nascose tra gli alberi per spiarli, ma il suo viso, riflesso in uno specchio d'acqua, fu scorto dai due amanti che, avvertito il pericolo, si comportarono in modo molto formale. Il re, pertanto, si convinse che il loro era un

3. *fastosa*: ricca e stupenda.
4. *fattezze*: forma, aspetto fisico.

puro rapporto di devozione tra una dama di alto lignaggio e un cavaliere di valore.

Un'altra volta il re sorprese i due addirittura addormentati l'uno accanto all'altra in una radura, ma tra di essi vi era la spada di Tristano, che, dividendo i due corpi, sembrava attestare la purezza del loro affetto.

Si andò avanti così fino a quando il re, considerando tutti gli episodi sospetti e notando il modo insistente in cui i due si cercavano continuamente con lo sguardo, si convinse che i pettegolezzi avevano un fondamento e che lui era stato tradito dalla sposa e dal nipote.

Decise di sorvegliarli attentamente e, avvertito ancora una volta dal perfido nano, finalmente li colse in flagrante in un giardino; adirato per l'infedeltà, re Marco rientrò di corsa a palazzo, convocò i suoi baroni perché fossero testimoni del tradimento e chiese che, secondo l'usanza, i traditori venissero arsi sul rogo.

Sentendo i passi concitati[5] e pesanti del re, Tristano si svegliò di soprassalto ed essendo abituato ad agire velocemente si alzò e disse a Isotta: «Ci hanno scoperti! Me ne vado, perché, se sparisco, il re non avrà le prove del tuo tradimento e tu, davanti ai baroni, potrai negare tutto! Me ne vado, ma, ti prego, non scordarmi! Che il nostro amore viva per sempre!».

Isotta, piangendo, baciò per l'ultima volta il caro viso dell'amato, esclamando: «Nella mia vita non ho mai provato tanto dolore come in questo momento. La separazione che il destino ci impone non ponga fine al nostro amore! Ecco questo anello, conservalo come mio ricordo!».

5. *concitati*: che manifestano agitazione.

Così dicendo, la dama porse al suo amato un anello come pegno del suo amore.

Da quel giorno i due amanti non si videro più.

Isotta aveva evitato la condanna per adulterio[6], ma viveva chiusa in una malinconica tristezza all'idea che l'amato bene fosse lontano, impegnato in mille imprese in terre straniere, ed era assalita da una dolorosa gelosia al pensiero che Tristano potesse incontrare donne belle e affascinanti nel corso delle sue peregrinazioni.

In effetti, la gelosia di Isotta non era del tutto immotivata, perché Tristano, dopo un periodo trascorso alla corte di re Artù, si mise al servizio del duca di Bretagna. Frequentando la sua corte, divenne molto amico del figlio del duca, il nobile Kaherdin e conobbe la sorella di costui, che, per un capriccio del destino, portava lo stesso nome della sua amata e, a causa del candore delle sue morbide mani, era chiamata «Isotta dalle bianche mani».

La fanciulla fu subito attratta dal forte e bel cavaliere e Tristano, credendo per una serie di equivoci che la «sua» Isotta l'avesse ormai dimenticato, giunse a fidanzarsi con Isotta dalle bianche mani, pensando che il matrimonio l'avrebbe aiutato a scordare chi credeva si fosse dimenticata di lui e del suo amore.

«Curerò il mio cuore malato con l'affetto per questa fanciulla» pensò il cavaliere, cullandosi in un'illusione, «che per me è resa ancor più bella dal suo nome, il nome di colei che tanto ho amato, ma che mi è proibita e che mi ha ormai scordato! Con la nuova Isotta dimenticherò l'antica Isotta!»

6. *adulterio*: tradimento di un coniuge nei confronti dell'altro, in questo caso di Isotta nei confronti di re Marco.

Tristano chiese la mano di Isotta dalle bianche mani e, in considerazione della sua nobile nascita e del suo indubbio valore, il padre e il fratello della fanciulla furono lieti della richiesta: le nozze si celebrarono in Bretagna e la notizia del matrimonio si diffuse di terra in terra, giungendo in Cornovaglia e gettando nello sconforto l'altra Isotta.

Lo stesso Tristano, del resto, non era per niente felice; non riusciva a dimenticare il suo vero amore, Isotta dai biondi capelli e, quando il suo sguardo si posava sull'anello che lei gli aveva donato al momento del distacco, il suo cuore grondava pianto e disperazione.

Anche Isotta dalle bianche mani, dapprima tanto felice per il matrimonio, aveva capito che il suo sposo, in realtà, non l'amava e la sua gioia si trasformò in dolore e cupa irritazione.

Kaherdin, molto affezionato alla sorella, si accorse che tra lei e Tristano qualcosa non funzionava. Perciò, preoccupato e offeso, volle avere spiegazioni dall'amico, che non senza qualche imbarazzo gli confessò ogni cosa e lo condusse in una grotta dentro la quale aveva fatto collocare, per vincere la malinconia dell'esilio, le statue delle persone a lui legate, che aveva dovuto lasciare in Cornovaglia.

Kaherdin ne fu sorpreso e si mise a osservare con attenzione l'immagine bellissima di Isotta dai biondi capelli, ma fu attratto in particolare dalla statua di Brangania, la fedele e graziosa ancella di Isotta, e rimase a fissarla preso da intenso desiderio.

Tristano approfittò dell'infatuazione di Kaherdin e lo convinse a partire con lui per la Cornovaglia; in tal modo egli avrebbe potuto rivedere il suo unico, vero, grande amore, Isotta dai biondi capelli, mentre l'amico avrebbe visto di persona colei di cui aveva ammirato soltanto l'immagine, la dolce Brangania.

I due giovani partirono per inseguire ognuno il proprio sogno d'amore e, dopo un avventuroso viaggio, giunsero nelle terre di re Marco.

Arrivarono a corte proprio mentre si svolgeva un corteo reale e, tra i tanti cavalieri e le numerose dame, finalmente Tristano rivide la sua bella Isotta e Kaherdin poté constatare che nella realtà Brangania era ancora più bella di quanto apparisse nell'effigie da lui ammirata nella grotta.

In breve, i due giovani cavalieri riuscirono ad avvicinarsi alle donne amate: Tristano lo fece sotto mentite spoglie[7], Kaherdin, invece, poté agire più liberamente e con Brangania iniziò a vivere un'intensa storia d'amore.

Tuttavia i cortigiani invidiosi erano sempre in agguato e un cavaliere di nome Kariados rese manifesta con un inganno la relazione tra l'ancella della regina e Kaherdin, mettendo in pericolo lo stesso Tristano, il cui travestimento rischiava di essere scoperto.

Ai due amici non restava che la fuga, una fuga che gettò nella disperazione sia la regina, ancora una volta separata dal suo amore, sia Brangania, che pensò di essere stata ingannata dal nobile Kaherdin, che forse aveva solo voluto divertirsi con un'ancella, mentendo sulla sincerità del suo amore.

Ritenendo che Isotta fosse stata complice di Kaherdin e per puro diletto avesse favorito le sue mire su di lei, Brangania, adiratasi oltre misura, fece intendere al re che doveva guardarsi da certi atteggiamenti della regina. Costui, non sapendo a chi credere e cosa pensare,

7. *sotto mentite spoglie*: con un travestimento per non essere riconosciuto.

ne affidò la sorveglianza alla stessa Brangania, raccomandandole di spiare ogni mossa sospetta della sua sposa.

Tristano in incognito rientrò in Cornovaglia, si camuffò da lebbroso e durante un corteo reale riuscì a incontrare Isotta che, con gli occhi dell'amore, lo riconobbe, nonostante i cenci indossati e il viso deturpato. Incapace di resistere alla passione, lo avvicinò e, tra lo stupore generale, gli diede un suo anello d'oro.

Subito intervenne Brangania, che aveva capito dal gesto della regina quale fosse la vera identità dell'uomo. L'ancella minacciò di denunciare Tristano al re, ma egli riuscì a farle cambiare idea, convincendola che Kaherdin provava per lei un amore profondo e che la sua fuga era stata provocata dalle macchinazioni di Kariados.

Dissolto ogni dubbio, Brangania tornò a essere la fedele amica di Isotta e la più grande alleata dei due amanti, ma i momenti della riconciliazione, della gioia e dell'amore trascorsero rapidamente e Tristano, temendo di essere scoperto, dovette ben presto lasciare ancora una volta la Cornovaglia e la sua amata per tornarsene in Bretagna.

Il rapporto con Isotta dalle bianche mani che non riusciva a risvegliare in lui un amore appassionato era troppo penoso per il cavaliere, che raramente soggiornava presso la sposa, preferendo dedicarsi a una vita di avventure insieme all'inseparabile amico e cognato Kaherdin. I due vagarono di terra in terra, compiendo imprese memorabili; quando tornavano in Bretagna, si dedicavano alla caccia e, nei momenti in cui si sentivano sommersi dalla nostalgia per le donne amate, si consolavano tornando nella grotta ad ammirare le statue delle loro dame.

Di ritorno da una battuta di caccia, incontrarono un giorno un cavaliere dalla sontuosa armatura e dallo scudo dorato in groppa a un superbo destriero: si salutarono e lo sconosciuto chiese dove potesse trovare il castello di «Tristano innamorato».

«Io sono quel Tristano che dite innamorato» rispose il nipote di re Marco «ma voi chi siete e che cosa volete da me?»

Con tono afflitto e supplichevole il cavaliere raccontò di chiamarsi «Tristano il nano», veniva dalla Spagna e la sua cara moglie era stata rapita dal malvagio Estult l'Orgoglioso che la teneva prigioniera in un castello.

«Mi rivolgo a voi» disse, in conclusione, l'uomo «perché so che tanto avete sofferto per amore e per questo potete capire il mio dolore; sono certo che, senza indugio, mi aiuterete, perché voi più di ogni altro uomo conoscete la forza dell'amore!»

Tristano non poté resistere a questo accorato[8] appello e senza indugio partì con Kaherdin alla volta del castello di Estult. Qui combatté con il consueto valore ma si trovò ad affrontare un numero enorme di soldati, oltre ai sei formidabili fratelli del forte Estult. Abbatté un gran numero di nemici ma anch'egli fu ferito da un colpo di spada, la cui punta era intrisa di veleno.

Trasportato al suo castello in gravi condizioni, Tristano peggiorò e inutili furono i tentativi di medici e guaritori: il veleno si propagò per tutto il corpo, togliendogli ogni forza. Sempre più prostrato e cosciente della drammaticità del momento, pregò l'amico Kaherdin di andare in Cornovaglia per chiedere a Isotta di raggiungerlo e guarirlo come aveva già fatto sulle coste d'Irlanda.

8. *accorato*: che rivela tristezza, dolore.

«Amico, vai dalla mia Isotta,» disse Tristano «lei conosce il rimedio che mi guarirà. Mai è venuto meno il mio ardente amore per lei e la sua presenza mi darà la forza di rivivere. Presèntati alla corte nelle vesti di un mercante, mostrale questo anello d'oro e sicuramente lei ti seguirà; se riuscirai a portarla con te, issa sulla nave la vela bianca della speranza, se qualcosa ti impedirà di farlo, issa una vela nera. Ma affrettati, il veleno si sta impadronendo inesorabilmente delle mie membra e tra pochi giorni avrà vinto ogni mia resistenza!»

Kaherdin, in lacrime, prese il mare e fece quanto gli era stato richiesto: riuscì a introdursi a corte, a comunicare la triste notizia a Isotta e, con la complicità di Brangania, a portarla di nascosto con sé; sulla nave, come concordato, issò le vele bianche e finalmente abbandonò le lacrime, fiducioso di salvare l'amico.

Quando furono in vista delle coste della Bretagna, Kaherdin e Isotta dai biondi capelli si rallegrarono grandemente, ma la felicità fu di breve durata perché il vento calò d'improvviso e rallentò il corso della nave: erano passati quaranta giorni e la preoccupazione di non giungere in tempo al capezzale di Tristano fece crescere nei due l'ansia e la preoccupazione.

Anche Tristano, sul suo letto di dolore, contava i giorni, nella speranza di vedere sopraggiungere la nave che gli avrebbe riportato la salvezza e l'amore.

Ma un malvagio proposito stava prendendo forma nel cuore di Isotta dalle bianche mani, la sposa di Tristano.

Da sempre gelosa dell'amore che legava il marito a Isotta dai biondi capelli, aveva assistito di nascosto all'ultima conversazione tra il fratello e lo sposo; l'accorata dichiarazione d'amore per quella dama aveva scatenato nel suo animo di donna tradita propositi di vendetta.

Vedeva ora il marito sempre più inquieto, in spasmodica[9] attesa della nave, e ogni dolcezza lasciò il suo cuore, mentre un sottile desiderio di vendetta le metteva sulle labbra parole menzognere.

Recatasi presso il letto in cui giaceva il marito ormai consunto dal veleno, gli disse con voce melliflua[10]: «Mio caro, hanno avvistato la nave di mio fratello Kaherdin. C'è poco vento e si sta avvicinando a fatica; speriamo che conduca quello di cui avete bisogno!».

Animato da nuova speranza, Tristano ebbe un sussulto e chiese, trepidante[11]:

«Speriamo sia proprio così; e, ditemi, qual è il colore della sua vela?».

«Nera!» rispose con decisione Isotta dalle bianche mani. «Si vede bene, perché l'hanno issata in tutta la sua ampiezza per cogliere quel poco vento che c'è!»

La disperazione che s'impadronì di Tristano esaurì le sue forze già fiaccate per il veleno: il grande Tristano, eroe coraggioso e appassionato amante, con l'ultimo fiato di cui disponeva ripeté per tre volte l'adorato nome ed esalò l'anima.

Il vento aveva ripreso a soffiare e condusse la nave in porto.

Quando Isotta dai biondi capelli scese dall'imbarcazione, fu accolta dai gemiti e dai pianti del popolo addolorato. Al rintocco lugubre delle campane, un vecchio le annunciò che era morto il grande Tristano, l'eroe più coraggioso e generoso che ci fosse mai stato e che tutto il regno piangeva per lui.

9. *spasmodica*: angosciosa.
10. *melliflua*: che esprime falsa gentilezza.
11. *trepidante*: pieno di ansia e timore.

A questa orribile notizia, Isotta prese a correre come impazzita verso il palazzo, strappandosi le vesti e i capelli; si gettò sul corpo esanime dell'amato singhiozzando cupi presagi di morte:

«Perché non sono giunta in tempo per salvare il mio amato bene? Per me non potrà più esservi gioia, né conforto, né piacere. Se non ho potuto guarire chi ho amato, se non posso più riaverlo vivo tra le mie braccia, morirò con lui; il dolore di averlo perduto m'impedisce di continuare a vivere!».

E abbracciando con amore il corpo senza vita del suo amato Tristano, Isotta spirò. I due amanti, che in vita non conobbero la gioia di poter stare serenamente insieme, furono uniti per sempre nella morte.

Re Marco, avvertito dell'accaduto, rimosso ogni sentimento di gelosia, volle che i loro corpi fossero sepolti insieme in Cornovaglia.

Sulla loro tomba crebbero due piante i cui rami si intrecciarono così strettamente da divenire inseparabili, come inseparabili erano state le anime del forte Tristano e della dolce Isotta dai biondi capelli.

Per saperne di più

La leggenda di **Tristano** e **Isotta** e del loro colpevole e infelice amore si sviluppa attorno alla tematica della passione che supera i limiti imposti dal codice cavalleresco e dall'amor cortese e che per questo conduce alla rovina, così come era già accaduto a Lancillotto e Ginevra, protagonisti del Ciclo bretone.
La storia, molto diffusa fin dal Medioevo, si presentava in versioni diverse; ricordiamo, a questo riguardo, il *Tristano* di Tommaso d'Inghilterra, caratterizzato da forme e atmosfere tipiche della tradizione cortese, la versione di Béroul, quella perduta di Chrétien de Troyes.
La vicenda dei due infelici amanti ebbe una straordinaria capacità di fascino e di coinvolgimento emotivo presso diversi tipi di pubblico e in differenti epoche storiche.
Interessante, in particolare, è il parallelismo tra le due donne di Tristano, che, significativamente, portano lo stesso nome, Isotta, ma accompagnato da epiteti che le differenziano («dai biondi capelli», «dalle bianche mani») e mettono in luce il dissidio tra un amore coniugale più tranquillo e convenzionale e una passione colpevole ma irrefrenabile.

Parsifal, il cavaliere puro e gentile

Il Santo Graal[1], oggetto misterioso di cui si erano perse le tracce, era secondo i saggi del tempo il santo calice usato durante l'Ultima Cena, e in cui, dopo la Crocifissione, era stato raccolto il sangue di Cristo: era diventato il simbolo del bene che si contrapponeva a ogni malvagia ingiustizia.

Forse proprio per questo nessuno riusciva a trovarlo: perché non vi era cavaliere che fosse privo di qualche colpa che ne macchiava l'animo.

La ricerca del Graal era diventata per i componenti della Tavola Rotonda un'idea irrinunciabile, un punto d'onore, lo scopo di un'esistenza e si erano messi in viaggio affrontando ogni genere di avversità e di avventure: alcuni caddero prigionieri di misteriosi e potenti nemici, altri morirono, altri ancora persero la ragione, i più fecero ritorno sconsolati alla corte di Artù, confessando il proprio fallimento.

Tra loro vi era anche un giovane dalla singolare storia personale, Parsifal.

Da piccolo era stato allevato lontano da ogni forma di vita associata; sua madre, infatti, aveva perso in battaglia il marito e i figli avuti prima di Parsifal e, per tenere l'ultimogenito lontano dalla vita cavalleresca e dal

1. *Santo Graal*: in francese antico il termine indicava in modo generico un piatto e, in seguito, una coppa.

le armi, l'aveva fatto crescere isolato nel mezzo della foresta Desolata.

Ma non aveva fatto i conti con il destino e con l'indole del figlio; quando infatti, per un caso fortuito, ebbe l'occasione di imbattersi in re Artù e in alcuni suoi cavalieri che attraversavano la foresta, subito attratto dalla loro maestosità e dal fascino che emanavano, Parsifal abbandonò il rifugio e la madre per seguirli alla corte di Camelot.

Dopo un periodo di apprendistato, di sacrifici, di prove da superare, fu nominato cavaliere in virtù del suo coraggio e della purezza del suo animo. Ottenuto quello che desiderava, Parsifal volle tornare dalla madre, per farla partecipe della sua felicità. Rientrato nella foresta Desolata, però, trovò la sua semplice dimora in uno stato di miserevole abbandono perché la donna, resasi conto di aver perso anche il suo ultimo figlio, era morta per il dolore.

Sgomento per il dolore e il rimorso, Parsifal, dopo essersi innamorato perdutamente di una bellissima dama di nome Biancofiore, sulla via del ritorno per Camelot giunse sotto le mura di un imponente castello, di cui varcò la soglia con curiosità mista a un certo timore. Un uomo anziano e sofferente che zoppicava vistosamente lo ricevette con cordialità e nobile benevolenza.

Condotto in una sala lussuosamente arredata e illuminata da mille torce, Parsifal si ritrovò in mezzo a molti altri ospiti, che stavano conversando cordialmente tra loro. Nella stanza apparve d'un tratto un giovane scudiero che recava con sé una lunga lancia il cui metallo scintillava sfolgorante alla luce delle torce.

Mentre il ragazzo attraversava la sala, accadde un fatto straordinario: dalla punta della lancia cadde una goc-

cia di sangue vermiglio[2]: Parsifal avrebbe voluto chiedere spiegazioni sull'origine di quel sangue, ma si trattenne, perché aveva appreso dal suo maestro Gornemant che un'eccessiva curiosità mal si addiceva a un nobile bene educato.

2. *vermiglio*: di colore rosso acceso.

Altri due giovani seguirono il primo, portando candelabri dorati, e dietro a loro avanzò un'angelica damigella con un calice tra le mani; da quella meravigliosa coppa d'oro massiccio, adorna di pietre preziose, si irradiava una luce tanto intensa da far impallidire anche il grande chiarore delle mille fiaccole che illuminavano la sala. Chiudeva il corteo un'altra damigella, che recava tra le mani un piatto d'argento.

Il singolare corteo avanzò attraverso la sala con andatura lenta e solenne per allontanarsi senza che nessuno dei presenti desse o chiedesse spiegazioni sul significato di quello che era accaduto.

Parsifal era divorato dalla curiosità e avrebbe voluto chiedere informazioni al signore del castello che si era mostrato tanto gentile e ospitale, ma il timore di apparire inoppurtono e un forte senso di soggezione, forse dovuto alla giovinezza passata lontano da ambienti altolocati[3], lo trattennero. E la serata trascorse tra una lauta[4] cena e allegri conversari[5].

A ogni portata il corteo rientrava e il calice prezioso passava davanti a Parsifal che, pur mantenendo il suo rispettoso riserbo, si era ripromesso di chiedere informazioni l'indomani a qualche servitore del castello.

Al calar della notte il signore del maniero[6], sofferente alle gambe, si fece trasportare nella propria camera da quattro robusti servitori e anche Parsifal fu accompagnato nella sua stanza, dove in un lussuoso giaciglio poté abbandonarsi a un profondo sonno ristoratore.

3. *altolocati*: di elevata posizione sociale.
4. *lauta*: ricca e abbondante.
5. *conversari*: discussioni.
6. *maniero*: castello.

All'alba Parsifal si svegliò, si rivestì, uscì dalla camera, ma nel castello non incontrò anima viva: le porte delle stanze erano chiuse, la servitù e i soldati che il giorno prima animavano il maniero sembravano essersi dissolti nel nulla.

Nel cortile trovò il suo cavallo già sellato, la sua armatura, la sua lancia e il suo scudo e, credendo che le guardie del castello fossero nella vicina foresta per tendere trappole alla selvaggina, pensò di cavalcare verso di loro nella speranza di ottenere qualche spiegazione circa quello a cui aveva assistito.

Appena il cavallo di Parsifal ebbe oltrepassato il fossato del castello, il ponte levatoio venne ritratto rendendo così impossibile per il cavaliere tornare indietro, se avesse deciso di farlo: perciò al giovane non rimase che inoltrarsi nella foresta e, mentre cavalcava nel folto, udì un pianto disperato. Seguendo il suono lacerante dei singhiozzi, Parsifal giunse presso una quercia, dove una fanciulla in lacrime teneva in grembo il corpo senza vita di un cavaliere dalla testa troncata. La damigella, disperata per la vita spezzata del suo amato, invocava la propria morte per poterlo raggiungere nell'aldilà.

Parsifal fu preso da grande pietà e con tono consolatorio le chiese chi avesse ucciso l'uomo che amava.

«Un cavaliere è apparso questa mattina e me lo ha portato via!» rispose tra i pianti la fanciulla. Nel frattempo osservava con una certa inquietudine Parsifal, insospettita dall'aria fresca e riposata del giovane e del suo cavallo.

«Per venticinque miglia non vi sono luoghi ospitali. Da dove giungi? Chi ti manda qui? Che cosa vai cercando?» gli chiese.

Come Parsifal descrisse alla fanciulla l'ospitalità ricevuta dal benevolo signore del castello, la donzella esclamò:

«Avete ricevuto un grande onore, cavaliere! Siete stato ospitato dal re Pescatore, un ricco e saggio sovrano che è stato ferito gravemente in battaglia e ha perso l'uso delle gambe. Non può più cavalcare né cacciare e l'unico esercizio che gli è ancora concesso è di farsi mettere su una barca e con una lenza pescare: ecco la ragione per cui è chiamato re Pescatore. Ma ditemi, nel castello avete potuto vedere una lancia ancora sanguinante?».

«Sì, l'ho vista» rispose pronto Parsifal.

«E avete chiesto perché sanguinasse?» lo incalzò la fanciulla.

«No!» fu la risposta del cavaliere.

«E vedeste una coppa? Chi la teneva? E vedeste poi un piatto?» continuò la fanciulla.

Parsifal, per rispondere, descrisse la scena a cui aveva assistito la sera precedente e, quando la fanciulla volle sapere se avesse chiesto spiegazioni, con determinazione rispose: «No, non una parola uscì dalla mia bocca!».

«Ahimè!» commentò la fanciulla. «Come vi chiamate?»

«Parsifal il Gallese!» rispose il cavaliere.

«Non più» replicò ironica la damigella. «Ora vi chiamate Parsifal lo Sciagurato, perché avevate l'occasione di chiedere e non l'avete fatto; se aveste chiesto, vi sarebbe stato risposto e avreste scoperto il segreto del Graal! Se aveste avuto il coraggio di chiedere, avreste dato al re Pescatore un piacere così intenso che sarebbe guarito da tutti i suoi mali e avrebbe ritrovato la capacità di governare pienamente la sua terra! Ma io so perché non avete parlato: non l'avete fatto perché il vostro animo è ancora confuso a causa del peccato da voi commesso nell'abbandonare vostra madre!»

A queste parole Parsifal si stupì grandemente.

«Come fate a conoscere la mia storia?»

«Sono vostra cugina. Da piccoli siamo cresciuti insieme, allevati e educati da vostra madre; nonostante gli anni trascorsi, vi ho riconosciuto, mentre voi non avete saputo cogliere l'occasione per riconoscere il Graal e comprendere il suo mistero.»

Parsifal provò grande rimpianto per essersi lasciato sfuggire l'occasione di raggiungere ciò che tutti i più grandi cavalieri cercavano, ma ancora più sorpreso e triste divenne quando, proseguendo il cammino, incontrò un vecchio eremita[7] che gli confermò ciò che la fanciulla gli aveva detto: «Tu non hai posto le giuste domande, perché il peccato che è in te l'ha impedito; il Graal contiene un cibo mistico[8] che per anni ha mantenuto in vita il padre del re Pescatore» disse l'anziano uomo.

Così Parsifal capì che per apprendere l'essenza del Graal era necessario conoscere se stessi e avviarsi sulla strada della purificazione, pentendosi con sincerità del male compiuto e liberandosi da ogni pensiero crudele e meschino.

Così fece Parsifal, liberandosi da ogni egoismo e accostandosi alla rivelazione delle verità della fede in Cristo. In tal modo egli, che pure non era il più valoroso e il più famoso tra i cavalieri della Tavola Rotonda, fu ritenuto degno di divenire il custode dell'oggetto più sacro e misterioso del modo: il Santo Graal.

7. *eremita*: persona che vive in isolamento, di solito dedicandosi alla preghiera e alla meditazione.
8. *mistico*: divino.

Per saperne di più

La leggenda del **Graal** è stata variamente narrata dagli autori che se ne sono occupati. Uno dei racconti più noti è quello di Chrétien de Troyes, *Perceval ou Le conte du Graal*, in cui la narrazione si interrompe prima di giungere a conclusione.
In altre versioni il protagonista è sir Galvano, un altro dei «compagni» di Artù.
Del resto la realtà stessa del Graal è avvolta nel mistero, anche se nella maggior parte dei casi è presentato come il calice contenente il sangue versato da Cristo che dalla Palestina sarebbe stato portato nelle terre occidentali da Giuseppe d'Arimatea, il ricco seguace che fece seppellire Cristo nel proprio sepolcro. Tuttavia, accanto a questa lettura ne sussistono altre molto diverse.
Lo stesso temine Graal, derivante dal francese antico, indica, più che un calice, un piatto o, genericamente, un recipiente; ciò collegherebbe il Graal a tradizioni precristiane e, in particolare, al «calderone» dei riti celtici, usato come simbolo di trasformazione e di rinascita.
Probabilmente le leggende fiorite intorno al Graal uniscono tutti questi significati, raccogliendo l'eredità della religione pagana e delle tradizioni cristiane e unificandole in un simbolo che, in fondo, al di là delle diverse interpretazioni, rappresenta un messaggio di positività, di speranza e di sacralità.

Dentro il testo

L’eroe medievale

Orlando, il paladino senza macchia e senza paura

● COMPRENDERE E ANALIZZARE

1. Riassumi brevemente i motivi del contrasto che compromette definitivamente i rapporti tra Orlando e Gano di Magonza.

....

....

....

....

....

2. Perché Orlando si rifiuta inizialmente di seguire i consigli dell'amico Oliviero? ....

....

....

....

....

3. Perché Orlando, sentendo sopraggiungere la morte, cerca un luogo che sia rivolto verso la Spagna? ....

....

....

....

....

....

4. Che cosa rende particolare la spada di Orlando? ....

....

....

....

....

....

5. Quale significato hanno i gesti di Orlando in punto di morte? ....

....

....

....

....

....

6. In occasione dei tentativi di Orlando di richiamare l'esercito di Carlo, la narrazione adotta uno schema particolare. Sapresti spiegare di che cosa si tratta? ....

....

....

....

....

7. Perché a Gano viene riservata una punizione particolarmente infamante? ....

....

....

....

....

L'ascesa di Artù

● COMPRENDERE E ANALIZZARE

1. In quali particolari circostanze Artù nasce e vive la sua infanzia? ....

....

....

....

....

2. Artù riesce a estrarre la spada dalla roccia perché:

☐ è forte e astuto e sa in che modo agire

☐ si raccomanda al Signore che lo aiuta nell'impresa

☐ è un predestinato a salire sul trono della Britannia

3. Perché sir Hector fa ripetere ad Artù l'estrazione della spada alla presenza dei nobili e dell'arcivescovo? ....

....

....

....

....

4. Quali sentimenti agitano gli animi dei baroni di fronte all'accaduto? ....

....

....

....

5. In che modo Artù riesce a esercitare il suo potere di re?

- ☐ Accettando la sottomissione dei baroni recalcitranti.
- ☐ Mandando in esilio coloro che non accettano la sua consacrazione.
- ☐ Sconfiggendo duramente in battaglia i baroni ribelli.

6. Che cosa intende dire Merlino con le sue ambigue parole su Ginevra? ....

....

....

....

....

....

7. Quali ruoli svolge il mago Merlino nella vicenda di Artù? ....

....

....

....

....

....

8. Quale significato simbolico ha la forma rotonda della Tavola attorno a cui Artù riunisce i suoi cavalieri? ....

....

....

....

....

....

Lancillotto e Ginevra, un amore infelice

● COMPRENDERE E ANALIZZARE

1. La liberazione di Ginevra rappresenta la classica impresa a cui poteva essere chiamato un cavaliere della Tavola Rotonda. Analizza la vicenda e metti in evidenza i diversi elementi che caratterizzano l'azione.

....

....

....

....

....

2. Evidenzia i momenti decisivi attraverso i quali nasce, si sviluppa e si realizza la passione amorosa tra Lancillotto e Ginevra.

....

....

....

....

3. Quali sono i tratti caratteristici dell'amor cortese, così come è vissuto inizialmente dai due amanti? ....

....

....

....

....

4. Quale sorte tocca ai due amanti una volta che il loro tradimento viene scoperto? ....

....

....

....

....

....

5. La passione amorosa di Ginevra e Lancillotto, ormai non più dominata e resa pubblica, diventa:

☐ motivo di disordine e di decadenza

☐ causa di critiche umoristiche nei confronti del re

☐ motivo di emulazione da parte di altre dame e di altri cavalieri

6. Che cosa rappresentano nella vicenda personaggi come Meleagant, Mordred e Morgana? ....

....

....

....

....

....

Tristano e Isotta, uniti nell'amore e nella morte

DENTRO IL TESTO

● COMPRENDERE E ANALIZZARE

1. Indica in quali circostanze Tristano dimostra la sua generosità e il suo altruismo.

a) ....

b) ....

c) ....

2. Riferisci le situazioni magiche o fantastiche presenti nel racconto.

....

....

3. Illustra, attraverso alcuni esempi, come nella vicenda abbia un ruolo fondamentale il tema dello «scambio».

....

....

....

4. Quali sentimenti animano i personaggi della vicenda e ne determinano i comportamenti?

- Re Marco ....
- Brangania ....
- Kaherdin ....
- Isotta dalle bianche mani ....

....

Parsifal, il cavaliere puro e gentile

● COMPRENDERE E ANALIZZARE

1. Che cos'è il Graal? Che cosa rappresenta per i cavalieri che lo cercano? ....

....

....

....

2. Descrivi lo strano corteo a cui Parsifal assiste nel castello del re Pescatore.

....

....

....

3. Caratterizza le due figure che Parsifal incontra nel suo peregrinare.

• Re Pescatore ....

....

• Dama della quercia ....

....

4. Qual è la condizione indispensabile per potersi accostare al Graal? ....

....

....

....

● E PER FINIRE...

1. Quali personaggi pronunciano le seguenti parole?

«Oh, mia preziosa Durlindana, con te ho combattuto tante battaglie e ho conquistato le terre, che ora governa Carlo dalla barba bianca. Dopo essere stata la fedele compagna del più prode paladino di Francia tu, che nella tua impugnatura rechi reliquie di santi, non dovrai cadere in mani di pagani o di vigliacchi.» ....

«Signori, tutti conoscete la leggenda e ciò dovrebbe bastarvi per riconoscere in questo giovane il sovrano e la guida che da tempo attendiamo; ma sappiate che il ragazzo è di nascita più nobile di ciascuno di voi.» ....

«Perché, mia amata signora, quando, pieno di gioia, vi ho liberato, mi avete parlato così duramente? Quale colpa ho commesso per essermi meritato un simile trattamento?»

....

«Perché non sono giunta in tempo per salvare il mio amato bene? Per me non potrà più esservi gioia, né conforto, né piacere. Se non ho potuto guarire chi ho amato, se non posso più riaverlo vivo tra le mie braccia, morirò con lui.»

....

«Ma io so perché non avete parlato: non l'avete fatto perché il vostro animo è ancora confuso a causa del peccato da voi commesso nell'abbandonare vostra madre!»

....

2. Che cosa succede in questi luoghi?

- Nelle gole di Roncisvalle ....
- A Camelot ....
- A Mount Badino ....
- In Cornovaglia ....
- Nella Foresta Desolata ....

3. Prova a immaginare uno sviluppo diverso delle vicende se...

Carlo Magno fosse giunto in tempo a salvare Orlando.
Artù non fosse riuscito a estrarre la spada dalla roccia.
Lancillotto avesse trovato Ginevra sposa di Meleagant.
Isotta dai biondi capelli avesse salvato Tristano.
Parsifal avesse trovato nella foresta un nano bugiardo.

4. In quale delle vicende narrate si incontra:

- un infido traditore ....
- un mago tuttofare ....
- una fanciulla sotto una quercia ....
- un nano provvidenziale ....
- una serva sbadata ....

5. Quale ruolo svolgono i seguenti oggetti e in quali storie sono importanti?

- Un corno poderoso ....
....
- Una tavola particolare ....
....
- Una carretta ....
....
- Un ponte sospeso ....
....
- Una nave che va alla deriva ....
....
- Un calice scomparso ....
....
- Un biondo capello ....
....

6. A quali delle vicende narrate si riferiscono le seguenti particolari situazioni?

- Una sostituzione di persona ....

....

- L'imboscata e il massacro ....

....

- Un duello per amore ....

....

- Uno scambio di filtri d'amore ....

....

- Una singolare e misteriosa processione ....

....

Dizionarietto dei miti e degli eroi

Acca Larenzia moglie del pastore Faustolo.

Acrisio re d'Argo, gemello di Preto, padre di Danae.

Alcmena figlia di Elettrone e di Euridice, sposa di Anfitrione. Fu sedotta da Zeus sotto le false spoglie del marito. Dall'unione nacque l'eroe Eracle.

Alda sorella di Oliviero, legata da profondo amore con Orlando.

Amazzoni donne guerriere, ostili agli uomini, nate dall'unione di Ares con Afrodite.

Amman («illustre») primo ministro di Serse, re di Persia. Spinto dal suo odio contro Mardocheo, ordì un complotto per massacrare tutti gli Ebrei che vivevano in Persia, sventato grazie all'intervento di Ester.

Amulio fratello minore di Numitore e usurpatore del trono di Albalonga.

Andromeda figlia di Cefeo, re d'Etiopia, e di Cassiopea.

Anfitrione figlio di Alceo, re di Tirinto, e nipote di Perseo, sposo di Alcmena.

Annit essere mostruoso con la testa di coccodrillo, il corpo di leone e la parte posteriore di ippopotamo.

Argonauti i coraggiosi compagni di Giasone che si imbarcarono con lui sulla nave *Argo*, per andare alla conquista del Vello d'oro.

Arianna figlia di Minosse, re di Creta. Si innamorò dell'eroe Teseo, che aiutò nell'impresa di uccidere il Minotauro, e da cui fu poi abbandonata.

Artemide (la Diana dei Latini) dea della caccia e dei boschi, figlia di Zeus e di Latona, sorella di Apollo, legata all'elemento della luna.

Artù figlio illegittimo di Uther Pendragon e di Igraine, è preso sotto tutela da Merlino che lo fa educare da sir Hector e lo guida fino al trono di Britannia. Tiene corte a Camelot, dove attorno alla Tavola rotonda raduna i migliori cavalieri del regno.

Ascanio detto anche Iulo, figlio dell'eroe troiano Enea e fondatore di Albalonga.

Assuero o Serse, re di Persia che sposò l'ebrea Ester dopo aver ripudiato la sua prima moglie Vasti.

Asterione altro nome del mostruoso Minotauro.

Atalanta figlia di Schenèo, re di Sciro, o, secondo una variante della leggenda, di Giasone e di Climène. Allevata da un'orsa, diventa esperta cacciatrice e veloce nella corsa. Viene poi data in sposa a Ippomene.

Atena (la Minerva dei Latini) generata dalla testa di Zeus, dea guerriera il cui secondo nome è Pallade. Ma soprattutto dea della sapienza, protettrice dell'intelligenza e di tutte le arti.

Atlante gigante, figlio di Giove e di Climène – o, come vuole una variante della leggenda, di Giapèto e di Asia –, padre delle Pleiadi, delle Esperidi e delle Iadi.

Augia re, le cui immense, sporchissime stalle furono pulite da Eracle in una delle sue fatiche.

Azio Tullio eminente personalità del popolo dei Volsci, nemico dei Romani.

Brangania ancella della bionda Isotta, che accompagna la giovane in Cornovaglia per le nozze con re Marco; è amante di Kaherdin.

Bruto figlio di Tarquinia e nipote di Tarquinio il Superbo, ultimo re di Roma.

Camelot leggendaria fortezza dove Artù teneva la sua corte. La sua collocazione geografica non è stata chiaramente definita.

Carlo Magno re dei Franchi e Imperatore del Sacro Romano Impero.

Cerbero cane con tre teste, fa la guardia nell'Oltretomba.

Chirone il più saggio dei centauri, maestro di molti eroi greci, tra cui Achille e Giasone.

Cincinnato (Lucio Quinzio) dittatore durante la guerra che Roma sostenne contro gli Equi.

Clelia giovane coraggiosa e intraprendente, inviata come ostaggio al campo di Porsenna a garanzia del rispetto della tregua.

Colchide regione dell'Asia dove viveva la maga Medea e in cui era custodito il famoso Vello d'oro, per recuperare il quale Giasone organizzò la spedizione degli Argonauti.

Collatino giovane patrizio romano, sposo di Lucrezia e protagonista della cacciata dei Tarquini da Roma.

Coriolano (Gneo Marzio) comandante romano, famoso per il valoroso comportamento dimostrato nella conquista di Corioli, città dei Volsci.

Crisaore padre del mostro Gerióne, nato dal sangue della Medusa.

Crono (il Saturno dei Romani), titano, figlio di Urano e di Gea, sposo di Rea che gli diede gli dèi detti Olimpici, dal monte greco Olimpo dove si credeva abitassero.

Curiazi i tre gemelli di Albalonga che sfidarono in un mortale duello gli Orazi, determinando l'esito della guerra tra la loro città e Roma.

Dagon divinità della fertilità e del raccolto, adottato come divinità principale dalla confederazione dei Filistei. Ha l'aspetto di un uomo sorgente da una spiga di grano o di un uomo barbuto con la parte inferiore del corpo a forma di pesce.

Dalila («ricciolo») donna bellissima e affascinante, tradisce Sansone consegnandolo ai Filistei.

Dama del Lago personaggio misterioso che compare in numerosi momenti del ciclo di Re Artù come colei che porta il re morente ad Avalon o che alleva Lancillotto, rimasto orfano, o che ha un difficile rapporto con Merlino.

Danae figlia di Acrisio e di Euridice (non la moglie di Orfeo). Fu amata da Zeus, da cui ebbe Perseo.

Davide («beneamato») il più grande tra i re d'Israele nonostante le colpe di cui si macchiò. Figlio più giovane di Iesse, aveva molte doti: suonava l'arpa, componeva musica, scriveva poesie; uccise il gigante Golia, sconfisse i nemici di Israele, fece di Gerusalemme la capitale del regno e instaurò un periodo d'oro per Israele. Divenne il modello del futuro Messia atteso da Israele.

Deianira figlia di Enèo, re degli Etoli, sposa di Eracle, della cui morte fu la causa.

Diòniso dio della natura selvaggia, dell'irrazionalità e dell'ebbrezza, inventore del vino e dell'aratro, figlio di Zeus e di Semele, o, secondo altre fonti, di Ade e Persefone.

Dioscuri i due gemelli Castore e Polluce, figli di Zeus e di Leda. Presero parte alla spedizione degli Argonauti e alla caccia contro il cinghiale Calidonio.

Durlindana la prodigiosa spada di Orlando.

Efesto (il Vulcano dei Romani) brutto, zoppo e rude figlio di Zeus e di Era, marito di Afrodite. Personifica il fuoco sotterraneo, specialmente quello dei vulcani, ed è l'artefice che lavora nella fucina degli dèi.

Egeo re d'Atene, sposo di Etra e padre dell'eroe Teseo.

Epimeteo figlio del titano Giapeto e della nereide Climene, marito di Pandora.

Equi popolazione che risiedeva nelle zone dell'alto Aniene e del Fucino.

Era (la Giunone dei Romani) figlia di Crono e di Rea, moglie di Zeus.

Eracle (l'Ercole romano) il più famoso di tutti gli eroi. È il simbolo dell'uomo che lotta contro le forze avverse della natura e contro tutto ciò che è malvagio.

Ermes (il Mercurio dei Latini) dio inventore della cetra, protettore di ladri, mercanti e viaggiatori, messaggero dell'Olimpo.

Ersilia donna sabina che incitò le sue compagne a porre fine alla guerra tra Romani e Sabini.

Esperidi le sette figlie di Atlante e di Esperide.

Ester («stella») bella ragazza ebrea, visse a Susa, capitale della Persia. Orfana, fu allevata dal cugino Mardocheo. Il re Serse la scelse come consorte dopo che la regina Vasti era caduta in disgrazia. Salvò il suo popolo dalle ire del superbo Amman.

Etra moglie di Egeo, madre di Teseo.

Euristeo re di Micene, figlio di Anfitrione e di Alcmèna. Fratello gemello di Eracle, gli impose le dodici fatiche.

Excalibur la magica spada della roccia, simbolo del potere dei re di Britannia.

Faustolo pastore del re Amulio, salvatore dei due gemelli Romolo e Remo.

Filistei antico popolo che si stanziò verso il 1150 nella regione meridionale della terra di Canaan, l'attuale Palestina.

Galvano nipote di re Artù e cavaliere della Tavola Rotonda, impegnato in numerose avventure e ricerche.

Gano duca di Magonza, patrigno di Orlando e membro della corte carolingia; trama il tradimento di Roncisvalle.

Geb dio egiziano della terra (principio maschile), sposo di Nut e padre di Osiride.

Gerione gigante mostruoso con tre corpi, re delle Baleari, figlio di Crisàore e di Calliroe. Fu ucciso da Eracle.

Giasone capo della spedizione degli Argonauti, che partirono alla ricerca del Vello d'oro. Nell'impresa fu aiutato dalla maga Medea, che poi sposò.

Ginevra figlia di Leodegrance di Cameliard, sposa re Artù, ma vive un amore intenso, illecito e contrastato con Lancillotto.

Gionata («Dio diede») figlio maggiore del re Saul. Nonostante sapesse che l'erede al trono sarebbe stato Davide, gli era legato da una sincera amicizia. Fu ucciso in battaglia dai Filistei.

Giuditta giovane e bella vedova ebrea di Betulia, molto stimata per la sua virtù e la sua saggezza. Salvò il suo popolo dall'aggressione degli eserciti del re assiro Nabucodonosor, guidati dal generale Oloferne.

Golia («esiliato») campione dei Filistei, di proporzioni gigantesche. Fu ucciso da Davide con una semplice fionda.

Gorgoni Medusa, Euriale e Steno, mostri con la testa cinta di serpenti e lo sguardo che tramutava in pietra.

Gornemant il saggio maestro di Parsifal, che aveva iniziato il giovane ai valori della cavalleria.

Governal tutore e, poi, fedele compagno di Tristano.

Hector (sir) nobile cavaliere a cui Merlino affida Artù per educarlo e crescerlo.

Horus divinità egiziana rappresentata dal falco. Figlio di Osiride e di Iside e vendicatore di Seth.

Iesse («uomo di Dio») uomo benestante di Betlemme, era nipote di Rut e di Booz e padre del re Davide.

Igraine moglie di Gorlois, duca di Cornovaglia; è amata da Uther Pendragon e genera Artù.

Ippolita regina delle Amazzoni.

Ippomene colui che, con l'aiuto di Afrodite, ottiene la mano di Atalanta.

Iside sorella e moglie di Osiride. Dea egiziana della maternità e della fertilità.

Isotta dai biondi capelli figlia del re d'Irlanda, va in sposa a Marco, re di Cornovaglia; amante di Tristano, vive un amore tragico.

Isotta dalle bianche mani sorella di Kaherdin, sposa Tristano e con l'inganno causa la fine di Tristano e di Isotta dai biondi capelli.

Kaherdin fratello di Isotta dalle Bianche Mani, amico di Tristano e amante di Brangania.

Lancillotto il più valoroso e fidato cavaliere al servizio di Re Artù. S'innamora di Ginevra, regina e moglie di Artù, e il suo tradimento nei confronti del re è una delle cause che portano alla caduta di Camelot.

Lucrezia moglie di Collatino. Virtuosa e modesta, rappresenta il modello della perfetta matrona romana.

Marco re di Cornovaglia zio di Tristano, sposa la bionda Isotta. Malgrado i perfidi consigli dei malvagi baroni, perdona i due amanti, concedendo loro comune sepoltura.

Mardocheo («dedicato a Marduk») ebreo esiliato che abitava a Susa, capitale della Persia. Sua cugina Ester divenne la moglie del re Serse (Assuero). Salvò il re da un complotto, e ne divenne poi primo ministro al posto del superbo Amman.

Marsilio re musulmano, sovrano di Saragozza, in Spagna, contro cui combatte Carlo Magno.

Medea maga, figlia di Eète re della Colchide, innamorata di Giasone, lo aiutò nella conquista del Vello d'oro.

Medusa una delle tre Gorgoni, la sola che fosse mortale. Fu uccisa da Perseo.

Meleagant uno dei cattivi delle leggende arturiane. Figlio di re Baudemagu di Gore, rapisce Ginevra e la tiene imprigionata nel suo impenetrabile castello.

Meleagro figlio di Enèo e di Altèa e fratello di Deianira, uccise gli zii materni per amore di Atalanta.

Menenio Agrippa uomo dalle grandi capacità di persuasione, che riuscì a rappacificare patrizi e plebei.

Merlino mago e chiaroveggente, con le sue magie favorisce la salita al trono di re Artù.

Mezio Suffezio re di Albalonga. Si accordò con Tullo Ostilio per porre fine alla guerra che da tempo teneva impegnate duramente le due città.

Micol («chi come Dio?») figlia più giovane di Saul e prima moglie di Davide. Salvò la vita a Davide quando Saul cercava di ucciderlo.

Minosse re di Creta, saggio legislatore. Quando morì e scese nell'Ade, fu destinato a giudicare le anime dei mortali.

Mordred figlio illegittimo che Artù ebbe, senza esserne a conoscenza, dall'unione con la sorellastra Morgana.

Morgana sorellastra di Artù, da cui ebbe un figlio, Mordred. Rivale di Ginevra e, nella magia, di Merlino.

Morlhot cugino del re d'Irlanda. Viene ucciso in duello da Tristano, ma lo ferisce con la sua spada avvelenata.

Muzio Scevola giovane nobile romano, protagonista di uno sfortunato tentativo di uccidere il re etrusco Porsenna che stava assediando Roma.

Nabucodonosor («possa il dio Nabu difendere i confini») potente re di Babilonia, conquistò e distrusse Gerusalemme e deportò parte della popolazione in esilio a Babilonia. Costruì i famosi giardini pensili di Babilonia. Soffrì di pazzia, castigo di Dio per la sua tracotante superbia. Guarì dalla malattia quando si umiliò e diede lode a Dio.

Namo duca di Baviera, consigliere di Carlo Magno.

Nefti dea egiziana dell'Oltretomba; sorella e sposa di Seth.

Nesso centauro, figlio di Issione e della nuvola Nefele, creata da Zeus a somiglianza di Era. È ucciso da Eracle.

Numitore padre di Rea Silvia; legittimo erede al trono di Albalonga, è spodestato dal fratello Amulio.

Nut dea egiziana del cielo (principio femminile), sposa di Geb e madre di Osiride.

Olifante il corno di Orlando, ricavato da una zanna d'elefante.

Oliviero paladino di Carlo Magno e compagno d'arme di Orlando.

Oloferne generale degli eserciti del re assiro Nabucodonosor.

Orazi i tre gemelli romani che sfidarono in un mortale duello i Curiazi, determinando l'esito della guerra tra Roma e Albalonga.

Orazio Coclite giovane soldato romano che da solo sostiene l'urto delle truppe etrusche, per dar modo ai compagni di distruggere il ponte che univa le due sponde del Tevere.

Orfeo mitico poeta, figlio di Apollo e della musa Clio, o, secondo alcuni, di Eagro e della musa Calliope. Ama intensamente la moglie Euridice, bellissima e sfortunata.

Orlando nipote di Carlo Magno, fu tra gli amici più fidati dell'imperatore, uno dei suoi consiglieri e paladino della cristianità.

Osiride dio egiziano degli Inferi, oltre che della fertilità e dell'agricoltura.

Pandora secondo il mito greco, la prima donna sulla terra, plasmata da Efesto, per ordine di Zeus. Fu lei ad aprire il vaso che racchiudeva tutti i mali possibili per i mortali.

Parsifal uno dei cavalieri della Tavola Rotonda, che riesce nell'impresa di ritrovare il Santo Graal.

Pasifae figlia del Sole e della ninfa Persèide, e sorella della maga Circe. Moglie di Minosse, dall'unione con un toro concepì il Minotauro.

Pègaso cavallo alato di Perseo, nato dal sangue della Medusa.

Pelia figlio di Nettuno e della ninfa Tiro, sposa Anassibia.

Perseo eroe, figlio di Zeus e di Danae, uccisore della Medusa. È il fondatore della città di Micene.

Pizia sacerdotessa di Apollo a Delfi che emette oracoli di ambigua interpretazione.

Porsenna re della città etrusca di Chiusi. Fu impegnato in una lunga rivalità con Roma.

Poseidone (il Nettuno dei Romani) dio del Mare, figlio di Crono e di Rea.

Prometeo titano, plasma il primo uomo col fango e insegna agli uomini (creati con l'aiuto di Atena) ad accendere il fuoco.

Purim la festa ebraica della sorte, che cade il 14 del mese di Adar e si festeggia, tra l'altro, con il digiuno.

Rea Silvia figlia di Numitore, sacerdotessa di Vesta, madre dei due gemelli Romolo e Remo.

Re Pescatore ultimo discendente della stirpe dei Re che custodivano il Santo Graal.

Roncisvalle località posta tra le gole pirenaiche.

Sabini popolazione della Sabina, regione a nord di Roma.

Samuele («chiesto a Dio») figlio di Elkana e di Anna, fu l'ultimo grande giudice-guerriero di Israele e uno dei primi profeti. Consacrò Saul come primo re d'Israele e Davide quale suo successore.

Sansone noto per la sua forza sovrumana legata alla folta capigliatura, governa Israele per vent'anni e cerca di liberare gli Israeliti dalla dominazione dei Filistei.

Saul («chiesto») figlio di Kis della tribù di Beniamino, fu unto da Samuele quale primo re di Israele. Sempre più geloso della popolarità di Davide, lo scacciò dal paese. Si uccise buttandosi sulla propria spada.

Sesto uno dei figli di Tarquinio il Superbo. Sfida Collatino e insidia la giovane Lucrezia.

Seth dio del deserto. Fratello di Osiride, contro cui organizza una mortale congiura.

Stige uno dei fiumi degli Inferi, le cui acque hanno il potere di dare l'immortalità. Forma la Palude Stigia.

Tarpea figlia del custode del Campidoglio. Tradì il suo popolo e aprì le porte all'invasore sabino. Per punizione fu gettata da una rupe, che prese il suo nome.

Teseo figlio di Egeo e di Etra, protagonista di molte avventure eroiche.

Titani i dodici giganti figli di Urano e di Gea.

Tito Tazio re dei Sabini, portò pericolose minacce contro Roma.

Tristano figlio di Rivalen e Biancofiore, rimane orfano ed è allevato dallo zio Marco re di Cornovaglia; eroico cavaliere e difensore del proprio paese, è protagonista con Isotta di una tragica storia d'amore.

Tullo Ostilio bellicoso terzo re di Roma.

Turpino vescovo-cavaliere al seguito di Carlo Magno nella campagna di Spagna.

Uther Pendragon sovrano della Britannia e padre di Artù.

Vasti prima moglie del re persiano Assuero, ripudiata e sostituita da Ester.

Veturia madre di Gneo Marzio Coriolano.

Volsci popolo confinante con Roma e spesso in forte contrasto con la nascente potenza romana.

Volumnia moglie di Gneo Marzio Coriolano.

Zeus (il Giove dei Romani), figlio di Crono e di Rea, viene allevato dalla capra Amaltea. Regna sull'Olimpo insieme a sua moglie Era.

passaparola

Voi ragazzi siete molto sensibili ai consigli di compagni o amici. L'esperienza, infatti, ci insegna che se i vostri compagni di classe o quelli dell'aula accanto giudicano un libro eccezionale, appassionante, originale, il «passaparola» vi spinge a leggere quel libro. Perché allora non dedicate uno spazio, nell'ambito del Giornalino di classe o di scuola, al «passaparola» del libro o dei libri che avete particolarmente apprezzato?
Non si tratterà di scrivere una vera e propria recensione; sarà sufficiente un breve testo che trasmetta la vostra passione, il vostro coinvolgimento.

Titolo e Autore del libro letto: ....

....

Consigliato da: ....

....

....

....

....

....

....

....

....

....

....

....

....

....

....

....

Indice

L'EROE NELL'ANTICA ROMA